DOKÉO
Découvrir les métiers

250 métiers pour imaginer ton avenir

Direction éditoriale Céline Charvet
Direction artistique Jean-François Saada, Lieve Louwagie
Conception graphique et maquette Pauline Martin
Édition Marie Baird-Smith et Carole Corno

Correction Solange Kornberg
Recherche iconographique Nadine Gudimard
Fabrication Céline Premel-Cabic
Photogravure Fap

DOKÉO

Découvrir les métiers

250 métiers pour imaginer ton avenir

Textes de **Patricia Holl**

Illustrations de **Pronto, Sébastien Mourrain, Sébastien Telleschi et Robin**

Nathan

Sommaire

Le tribunal p. 70-75

Le groupe scolaire p. 86-91

Le musée p. 106-111

La maison d'édition p. 92-99

Le chantier p. 76-85

Le centre sportif p. 100-105

Le studio de télévision p. 112-117

Sommaire alphabétique

Les noms de métiers en gras font l'objet d'une fiche détaillée dans le livre.

1 Chef d'entreprise
Il est responsable du suivi des comptes et du personnel de l'entreprise.

2 Opérateur machine
Dans l'usine, il vérifie le fonctionnement des machines qui fabriquent, transforment ou emballent un produit.

3 Responsable qualité
Il contrôle la qualité des produits fabriqués par son entreprise.

L'entreprise

4 Chargé de formation en entreprise
Il organise des formations pour faire progresser les salariés de l'entreprise et élargir leur savoir.

5 Modéliste
Il réalise des prototypes de vêtements à partir de croquis dessinés par les stylistes.

6 Inspecteur du travail
Il vérifie que les entreprises sont en règle avec la loi. Il s'assure aussi que les conditions de travail des salariés sont satisfaisantes.

Réaliser et faire vivre un site Internet

Webmaster

Il conçoit et anime les sites Internet des entreprises, des associations ou des artisans.

Après avoir évalué les besoins de son client ou de son interlocuteur dans l'entreprise, le webmaster (ou webmestre) définit la façon dont sera construit le futur site et **les logiciels** nécessaires pour le faire fonctionner. Il élabore également une « charte graphique » : il sélectionne les couleurs, les images et les animations qui donneront au site son originalité. Une fois le projet accepté par le client, le webmaster construit le site à l'aide d'un langage informatique, le **teste** page par page, puis le met sur Internet.

Le webmaster fait **vivre et évoluer** le site qu'il a créé. Il y ajoute les toutes dernières informations pour l'actualiser, rédige de nouveaux contenus et commande parfois des articles à des journalistes spécialisés. Il effectue aussi des améliorations techniques pour rendre la lecture plus agréable.

MOTS DU MÉTIERS

• HTML : c'est l'un des langages informatiques utilisés pour programmer un site Internet.

L'INTERVIEW de Christophe

Comment avez-vous débuté ?
Quand j'étais étudiant en architecture, j'ai voulu créer mon site perso pour montrer mes travaux. Cela m'a passionné, j'ai décidé d'en faire mon métier.

Qu'est-ce qu'un bon site ?
C'est un site bien présenté, mis à jour, et dont les pages s'affichent vite. Il doit aussi être associé aux bons mots clés, pour que les internautes le trouvent facilement sur les moteurs de recherche.

Quelles qualités faut-il pour exercer ce métier ?
Il est indispensable d'avoir des compétences en informatique et en graphisme, ainsi qu'un bon sens artistique.

LA JOURNÉE de Fatou

Fatou, webmaster du site d'une entreprise internationale de vêtements

9 h Fatou s'assure qu'elle n'a pas reçu de mails signalant un mauvais fonctionnement du site.

10 h Elle vérifie la présentation des vêtements en vente par correspondance avec le responsable de ce réseau.

11 h Fatou et un programmateur cherchent ensemble comment améliorer certaines animations du site.

14 h Elle intègre dans le site une publicité pour une nouvelle gamme de vêtements de la marque.

16 h Fatou recherche sur Internet des images qu'elle mettra en ligne dans les jours suivants.

17 h 30 Elle propose au responsable marketing des améliorations du graphisme de certaines rubriques du site.

Créer des vêtements

Christian Lacroix

Styliste

Il imagine puis dessine des robes, des pantalons, des manteaux ou des accessoires, qui seront ensuite fabriqués pour être vendus.

Dans l'industrie, le styliste travaille à partir d'un « **plan de collection** ». Ce document donne les caractéristiques des vêtements à créer : nombre de modèles, style, prix de vente envisagé, etc. Après s'être familiarisé avec le thème de la collection, le styliste imagine des coupes, réalise des croquis, sélectionne plusieurs tissus et différents motifs. Puis il fait fabriquer **un prototype** de chaque vêtement et le retouche jusqu'à ce que le résultat lui convienne.

Le styliste travaille le plus souvent **en équipe,** dans un bureau de style indépendant ou une entreprise textile. Il voyage beaucoup pour connaître les tendances internationales, dénicher de nouvelles matières de tissus ou des coupes de vêtements originales.

MOTS DU MÉTIERS

- **Styliste chaîne et trame** : styliste spécialisé dans le prêt-à-porter.
- **Modiste** : créateur de chapeaux.

IL EST CÉLÈBRE

Jean-Paul Gaultier

Né en 1952, ce styliste français a commencé dès l'enfance à dessiner des vêtements. À 18 ans, il fait ses débuts chez **Pierre Cardin,** un grand couturier parisien. Six ans plus tard, il lance sa première collection à son nom. Surnommé « l'enfant terrible de la mode » à cause de son style moderne et **provocateur,** Jean-Paul Gaultier **révolutionne** la haute couture : il fait porter des jupes aux hommes, utilise des tissus transparents et montre des mannequins avec tatouages et piercings. Véritable touche-à-tout, Jean-Paul Gaultier réalise aussi des costumes pour **le spectacle** et **le cinéma**. Enfin, depuis quelques années, il est également créateur de parfums.

Concevoir de nouveaux produits

Ingénieur d'études

Il met au point de nouveaux produits industriels (matériaux originaux, outils, appareils électroménagers, etc.) et améliore les produits qui existent déjà.

Également appelé chef de projet, l'ingénieur d'études **coordonne** les études qui permettront, par exemple, de concevoir un tissu qui protège du froid tout en étant très léger. Il définit les objectifs à atteindre, constitue l'équipe qui travaillera sur le projet, **planifie** les recherches, la fabrication et les tests. Doté de bonnes connaissances en chimie, en électronique ou dans les matériaux, **il conseille** les ingénieurs et les techniciens qui travaillent à ses côtés.

Qu'il exerce dans une grande entreprise industrielle ou dans un bureau d'études indépendant, l'ingénieur d'études est toujours **attentif aux progrès scientifiques** et technologiques.

SIGNES PARTICULIERS

- **Il faut faire au moins cinq années d'études après le baccalauréat pour exercer ce métier.**

PAS COMME LES AUTRES

L'ingénieur d'essais

Il teste les prototypes et les nouveaux produits avant qu'ils soient commercialisés. **Il programme** les essais et détermine dans quelles conditions ils doivent être réalisés. Si le produit ne fonctionne pas comme prévu, **il trouve des solutions** pour régler les problèmes. **Il mesure le niveau de sécurité** des produits, en particulier quand il teste des automobiles ou des avions.

Contrôler les comptes de l'entreprise

Comptable

Il pilote les comptes de l'entreprise. Il veille à ce que toutes les dépenses et tous les revenus de l'entreprise (ce qu'elle gagne) soient inscrits dans des sortes de grands cahiers que l'État peut contrôler.

Les activités du comptable sont très variées : il enregistre **les dépenses** et **les recettes,** il effectue **le paiement des salariés** en fin de mois, il prépare **la déclaration annuelle de revenus** de l'entreprise... Dans les petites sociétés, un seul comptable se charge parfois de toutes ces tâches. Dans les grandes entreprises, le service comptabilité peut regrouper plusieurs dizaines de personnes. Les comptables sont alors souvent spécialisés dans une seule tâche, comme les salaires ou le règlement des fournisseurs.

Le comptable travaille essentiellement **sur ordinateur,** avec des logiciels spécialisés. Il peut être travailleur indépendant et suivre les comptes de plusieurs entreprises.

SIGNES PARTICULIERS

- **Les personnes titulaires d'un diplôme de comptable trouvent facilement du travail.**

DANS LA MÊME FAMILLE

Le contrôleur de gestion

Il améliore la rentabilité de l'entreprise en réduisant les dépenses inutiles et en **proposant des solutions** pour faire des économies. Il conçoit les outils (programmes informatiques, tableaux de dépenses, etc.) qui lui permettront de suivre avec précision l'activité financière de l'entreprise.

Vendre des produits à l'étranger

Commercial export

Il vend à l'étranger les produits de son entreprise. Il a comme clients d'autres entreprises ou des commerçants.

Le commercial est responsable d'**un secteur géographique,** par exemple un pays ou un continent. Il s'y rend régulièrement pour rencontrer ses clients, leur présenter les nouveaux produits et faire le point sur les ventes réalisées. Il consacre une partie de son temps à **chercher de nouveaux clients** et à leur faire des offres adaptées à leurs besoins. Enfin, **il négocie** les contrats commerciaux qu'il passe avec ses clients. Chaque année, sa direction lui fixe les objectifs de vente qu'il doit atteindre.

Le commercial export parle couramment **plusieurs langues**. Son poste est le plus souvent basé en France, mais **il voyage** beaucoup.

SIGNES PARTICULIERS

- **Souvent, les commerciaux export ont déjà vécu dans les pays dont ils s'occupent. Par exemple, ils y ont fait un stage pendant leurs études.**

DANS LA MÊME FAMILLE

L'agent commercial

Il vend les produits **de différentes entreprises** qu'il a sélectionnées, souvent dans le même secteur : jeux, informatique, etc. Ses clients sont d'autres entreprises, des commerçants ou des particuliers. Toujours sur la route, l'agent commercial **démarche** ses clients, leur **présente** la marchandise et **négocie** les contrats commerciaux. L'agent commercial est un travailleur indépendant. **Son salaire** dépend des ventes qu'il réalise.

Gérer le personnel de l'entreprise

Directeur des ressources humaines

Il s'occupe des salariés de l'entreprise, c'est-à-dire des personnes qui y travaillent. Il les recrute, leur propose des évolutions de carrière et se soucie de leur bien-être au travail.

Le responsable des ressources humaines travaille en relation avec les **dirigeants de l'entreprise.** S'il y a besoin d'une personne nouvelle, il la reçoit en entretien pour s'assurer qu'elle correspond au poste proposé, fixe **son salaire,** puis rédige **son contrat de travail.** Il suit le parcours des salariés dans l'entreprise et leur propose des formations pour les faire évoluer.

Le responsable des ressources humaines incite la direction de l'entreprise à **motiver les employés,** en améliorant leurs conditions de travail ou en leur distribuant une prime de fin d'année.

SIGNES PARTICULIERS

- **On peut accéder à ce métier après avoir fait au moins cinq ans d'études supérieures en psychologie, en droit social ou en commerce.**

L'INTERVIEW de Corinne

De combien de salariés vous occupez-vous ?
L'hypermarché dont je m'occupe compte 600 salariés, dont une cinquantaine de dirigeants.

En résumé, quelle est votre fonction ?
J'accompagne les employés dans leur carrière, en tenant compte de leurs envies et des besoins du magasin.

Comment se déroulent vos journées ?
Je reçois les gens en entretien et j'effectue beaucoup de tâches administratives. Deux fois par jour, je vais aussi dans la surface de vente pour rencontrer les employés et garder le contact avec chacun.

Défendre les droits de l'entreprise

Juriste

Il s'assure que l'entreprise est en règle avec la loi, la conseille sur le plan juridique et gère toutes ses affaires avec les tribunaux.

Le juriste connaît parfaitement la réglementation et informe l'entreprise dès qu'une nouvelle loi en relation avec son activité est publiée. Il participe aux **négociations** avec les clients et les fournisseurs et vérifie la rédaction **des contrats commerciaux.** Il défend l'entreprise en cas de problème, comme lorsqu'un client refuse de régler la marchandise qu'il a reçue.

Les petites entreprises font appel à des juristes extérieurs, qui interviennent ponctuellement, en fonction des besoins. Les grandes entreprises internationales emploient **plusieurs dizaines de juristes,** spécialisés dans le droit des affaires, le droit des marques ou le droit social.

SIGNES PARTICULIERS

- **Au bout de cinq ans d'études, les juristes trouvent facilement du travail et débutent avec un bon salaire.**

ET DEMAIN ?

À l'avenir, les entreprises ne pourront plus se passer des juristes car les lois deviennent **de plus en plus complexes.** On consultera ainsi les juristes avant de **transférer une usine** dans un autre pays, de **créer une nouvelle filiale,** d'embaucher un salarié étranger... Par ailleurs, certaines spécialités, comme le droit de l'environnement, vont être très recherchées.

Seconder le chef d'entreprise

Secrétaire de direction

Cette collaboratrice directe du chef d'entreprise, présente chaque jour à ses côtés, effectue pour lui divers travaux administratifs.

L'assistante de direction gère **l'emploi du temps** du chef d'entreprise et planifie ses rendez-vous. Elle trie **les courriers** qu'il reçoit et rédige la plupart de ceux qu'il envoie. Elle organise aussi ses déplacements professionnels. Au courant de tous les dossiers en cours, **elle fait circuler les informations** dans l'entreprise et répond aux demandes extérieures.

SIGNES PARTICULIERS

- **Cette profession est souvent exercée par des femmes.**

L'assistante de direction parle souvent deux langues, voire plus. Dans les grandes entreprises, elle peut avoir **plusieurs secrétaires sous ses ordres.** Elle fait alors moins de secrétariat et se consacre davantage à l'organisation des réunions et à la préparation des dossiers.

LA JOURNÉE de Floriane

Floriane, assistante de direction dans une société audiovisuelle

9 h Floriane relève ses courriels et ceux de la messagerie de son patron.

10 h Elle va chercher à l'accueil un visiteur qui a rendez-vous avec son patron.

11 h Elle donne à son patron les billets qu'elle a réservés pour son voyage.

12 h Elle traduit en anglais le contenu d'une lettre que son supérieur lui a dictée.

14 h Elle contacte le service logistique pour régler un problème de livraison avec un client.

15 h Elle réserve un stand sur un salon professionnel et établit la liste du matériel qu'il faudra y faire livrer.

16 h Floriane diffuse une annonce sur Internet afin de recruter une animatrice pour le salon.

18 h 30 Elle quitte l'entreprise après avoir fait, par téléphone, un compte rendu de la journée à son supérieur.

Mettre en valeur l'image de l'entreprise

Chargé de communication

Il fait connaître son entreprise et donne une image positive de cette dernière aux contacts extérieurs (journalistes, partenaires financiers, clients, etc.) et aux employés.

Le chargé de communication mène des actions pour promouvoir l'image de son entreprise : il participe à des salons professionnels, il organise des conférences de presse et des visites d'usines, il envoie des échantillons de marchandise… Il rédige **des dossiers de presse** sur les nouveaux produits et sur la vie de l'entreprise. Il téléphone aux **journalistes** pour leur expliquer les actions engagées et les inciter à en parler dans la presse.

Le chargé de communication s'occupe aussi de **la communication dans l'entreprise** (ou « communication interne »). Il diffuse par exemple un livret d'accueil avec la photo de chaque salarié de l'entreprise aux nouveaux venus pour que chacun se connaisse ou organise des matchs de football entre différents services.

Signes particuliers

• De plus en plus d'entreprises possèdent un service communication, qui emploie un ou plusieurs chargés de communication.

L'interview de Marc

Quel est votre parcours ?
Après mes études universitaires de communication, j'ai fait plusieurs stages en entreprise, puis une compagnie aérienne m'a embauché.

Quel est votre rôle ?
Je fais circuler l'information entre la direction et les salariés. Si la direction prend une décision, j'écris un texte pour en informer les salariés.

Qu'est-ce qui vous plaît le plus ?
Aider les gens de mon entreprise à mieux travailler ensemble. J'aime aussi corriger les journaux internes de la société avant leur publication : c'est une responsabilité intéressante.

Gérer les ordinateurs de l'entreprise

Responsable informatique

Il veille au bon fonctionnement des équipements informatiques de l'entreprise : ordinateurs, logiciels, messagerie, etc. Il propose des solutions pour rendre le système informatique plus performant et faciliter le travail des employés.

Le responsable informatique est un **chef d'équipe** qui encadre souvent plusieurs techniciens et ingénieurs. Après avoir analysé les besoins de son entreprise, il se charge de l'achat des ordinateurs et des programmes informatiques. Il évalue les dépenses à faire, puis **convainc sa direction** que les changements qu'il préconise sont utiles. Selon les cas, il installe lui-même les nouveaux équipements ou fait appel à une société spécialisée.

Qu'il soit **salarié** de l'entreprise ou **consultant** indépendant en mission dans l'entreprise, le responsable informatique doit se tenir au courant des toutes dernières innovations, nombreuses en informatique.

SIGNES PARTICULIERS

• Les postes de responsable informatique sont généralement confiés aux informaticiens ayant déjà plusieurs années d'expérience en entreprise.

LA JOURNÉE de Saïd

Saïd, responsable informatique d'un fabricant de vêtements

9 h Saïd consulte la liste des dépannages sur les ordinateurs des salariés et vérifie que tout est réglé.

10 h 30 Il participe à une réunion avec sa direction pour mettre en place une messagerie interne plus efficace.

11 h 30 Saïd aide un technicien à réparer les dégâts causés par un virus informatique sur l'ordinateur d'un employé.

14 h Il étudie un logiciel permettant de consulter en direct les ventes effectuées par les boutiques de la marque.

17 h Saïd négocie avec des centres de formation afin d'organiser un stage sur ce logiciel pour certains salariés.

DANS LA MÊME FAMILLE

L'ingénieur réseau télécoms

Spécialiste de **l'Internet,** du **téléphone mobile** ou des **fibres optiques,** il travaille pour les constructeurs de matériel, pour les opérateurs téléphoniques ou pour les entreprises qui utilisent des **systèmes de communication** performants. Il imagine des nouveaux produits, plus compétitifs, plus sûrs et plus faciles à utiliser. Il **conçoit** des réseaux de communication adaptés aux besoins et au budget de l'entreprise (il connecte par exemple les ordinateurs des employés à leurs téléphones mobiles).

L'hôpital

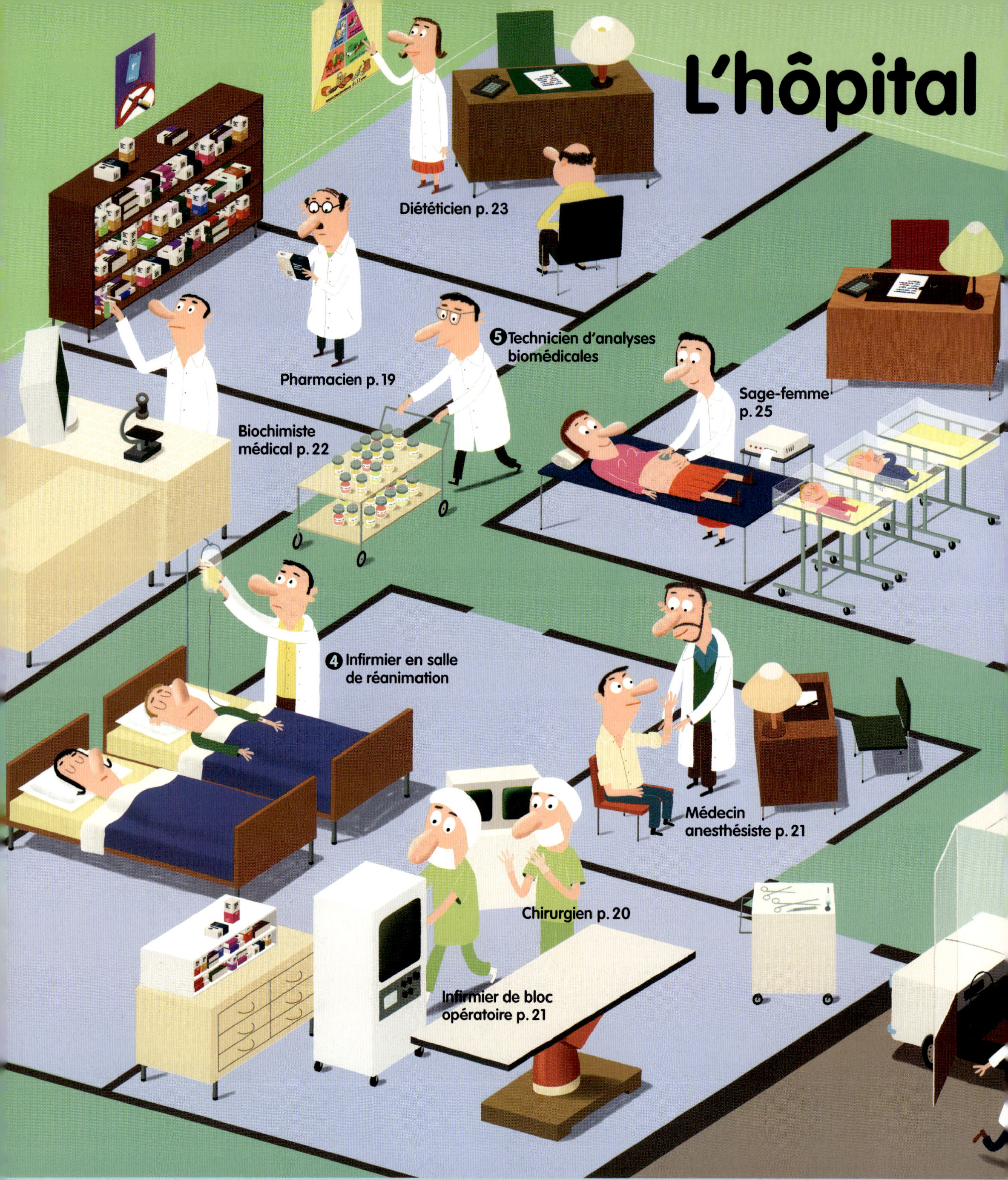

1 Agent d'accueil
Placé à l'entrée de l'hôpital, il renseigne les visiteurs et les aide à s'orienter dans le bâtiment.

2 Secrétaire médicale
Elle planifie les rendez-vous que les patients prennent avec le docteur pour se faire soigner.

3 Brancardier
Il transporte les patients sur un lit à roulettes ou sur une civière, par exemple de leur chambre à la salle d'opération.

4 Infirmier en salle de réanimation
Il donne les soins nécessaires aux patients qui ont besoin d'une grande surveillance médicale, par exemple après une opération.

5 Technicien d'analyses biomédicales
Il analyse les éléments contenus dans le sang, l'urine ou la peau du malade, pour aider le médecin à faire son diagnostic.

6 Pédiatre
Il soigne les enfants de la naissance à 16 ans. À l'hôpital, il peut se spécialiser, par exemple en s'occupant des nouveau-nés.

Soigner et prévenir les maladies

Médecin généraliste

Il soigne les maux (petites blessures, maladies, douleurs, etc.) des patients de tous âges. Il les reçoit dans son cabinet ou les examine à leur domicile.

Après avoir questionné le patient sur **les symptômes** qu'il ressent, le médecin l'ausculte attentivement. Il mesure sa tension, écoute sa respiration, teste ses réflexes. Le diagnostic fait, il prescrit des médicaments pour le guérir ou le soulager. Le médecin généraliste peut aussi demander **des examens complémentaires** (bilan sanguin, radiographie, etc.) ou orienter son patient vers un médecin spécialiste.

SIGNES PARTICULIERS

- **Il faut neuf années d'études après le baccalauréat pour devenir médecin généraliste.**

Le médecin généraliste veille à ce que les patients en bonne santé le restent. Il les **vaccine** ainsi contre certaines maladies, ou leur conseille une alimentation adaptée à leurs petits problèmes de santé. On dit alors qu'il fait de **la prévention.**

ET DEMAIN ?

D'année en année, la population française augmente et vit plus longtemps. Résultat : **il n'y a plus assez de médecins généralistes** par rapport au nombre de patients. Cette différence s'accentuera dans les prochaines années, **surtout dans les campagnes,** où les jeunes médecins s'installent rarement. Il faut dire que **les conditions d'exercice y sont difficiles :** les journées de travail sont très longues, et les déplacements en voiture pour effectuer des visites à domicile, fréquents.

PAS COMME LES AUTRES

Le médecin humanitaire

- Il intervient dans les régions du monde où la population est **en danger** à cause de la guerre, de la famine, des épidémies, des tremblements de terre, etc.
- Son objectif est d'abord de **sauver des vies** (missions d'urgence). Mais il peut aussi **former des médecins** sur place ou participer à la construction d'hôpitaux (missions de développement).

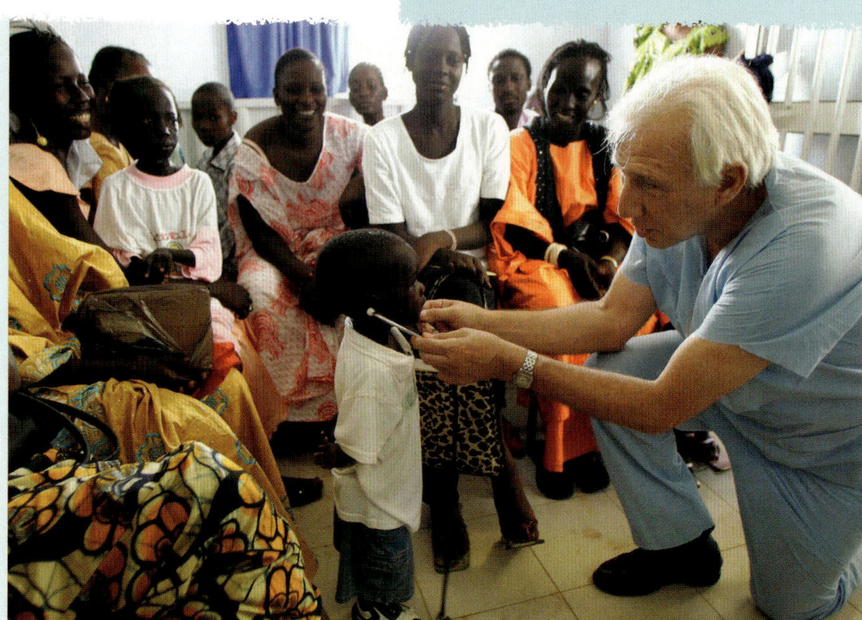

Vendre, conseiller des médicaments

Pharmacien

Il vend des médicaments, tout en vérifiant les ordonnances écrites par les médecins.

En « officine » (c'est le nom donné aux pharmacies), le pharmacien commence toujours par **contrôler l'ordonnance du médecin :** posologie (quantité de médicaments à prendre et durée du traitement), compatibilité des différents médicaments entre eux, etc. Ce contrôle fait partie de ses responsabilités. Puis il explique à son client comment prendre son traitement. Le pharmacien peut aussi **conseiller les clients** qui, sans passer par le médecin, veulent un traitement pour soulager une douleur, guérir un rhume, etc.

Certains pharmaciens travaillent **à l'hôpital :** ils préparent les traitements des malades. Les **laboratoires pharmaceutiques** emploient aussi des pharmaciens pour fabriquer toutes sortes de nouveaux médicaments mis au point par les chercheurs.

SIGNES PARTICULIERS

- **En officine, le pharmacien doit avoir un bon sens du commerce.**

L'INTERVIEW de Nelly

Comment avez-vous débuté ?
J'ai travaillé comme salariée dans plusieurs officines, avant d'acheter ma propre pharmacie il y a sept ans.

Qu'est-ce qui vous plaît le plus dans ce métier ?
J'aime aider et conseiller les gens. Je connais bien mes clients et je me sens proche d'eux.

Ce n'est pas fatigant d'être tout le temps debout ?
Je ne passe pas toute ma journée à vendre des médicaments : je dois aussi m'occuper des commandes, des comptes, des fiches de paie de mes employés... Je passe beaucoup de temps assise à mon bureau pour faire tous ces papiers !

Aider les malades au quotidien

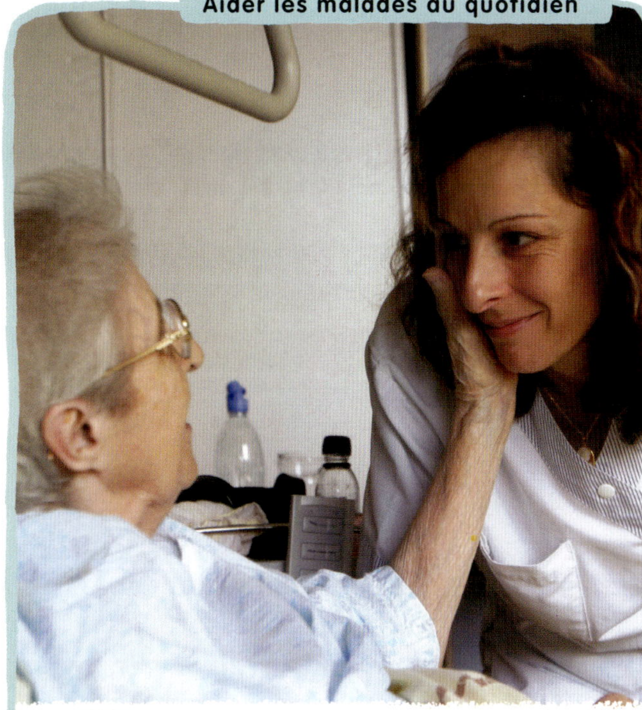

Aide-soignant

Il s'occupe du bien-être des personnes hospitalisées et seconde les infirmiers dans leur travail quotidien.

Il aide le patient à faire sa toilette et à s'habiller. Il apporte ses repas au malade et lui donne à manger quand ce dernier ne peut pas le faire seul. Il refait son lit et nettoie sa chambre. Toujours **à l'écoute,** il rassure le patient et lui apporte ce dont il a besoin pour se sentir bien. L'aide-soignant participe aussi à **la surveillance médicale** du patient : il prend sa température, vérifie qu'il ne souffre pas et peut lui refaire un pansement.

L'aide-soignant travaille le plus souvent à **l'hôpital** ou en **clinique,** en maison de retraite ou en centre d'accueil pour personnes handicapées. Les aides-soignants interviennent également **au domicile** des personnes âgées.

SIGNES PARTICULIERS

- **La profession d'aide-soignant peut être un tremplin vers d'autres métiers, par exemple infirmier.**

Opérer pour soigner les malades

Chirurgien

Il intervient directement sur le corps humain pour le réparer après un choc, soigner une infection, corriger une malformation ou implanter un nouvel organe en remplacement d'un organe malade (on parle alors de « greffe »), etc.

Qu'il travaille à **l'hôpital** ou en **clinique,** le chirurgien ne passe pas tout son temps en salle d'opération (ou « bloc opératoire »). Comme les autres médecins spécialistes, il peut aussi **recevoir un patient en consultation :** il étudie son dossier, lui propose une opération adaptée à son cas et lui explique cette dernière en détail.

Le chirurgien travaille **en équipe,** et il est toujours spécialisé dans une partie du corps, par exemple le cœur (chirurgien cardiaque) ou les os (chirurgien orthopédique).

SIGNES PARTICULIERS

- **Le chirurgien peut effectuer des travaux de recherche et il lui arrive de donner des cours aux étudiants en médecine.**

ÉQUIPEMENT

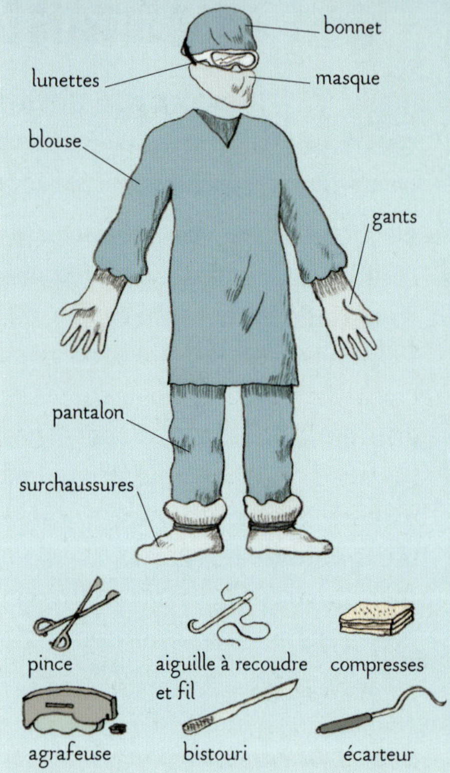

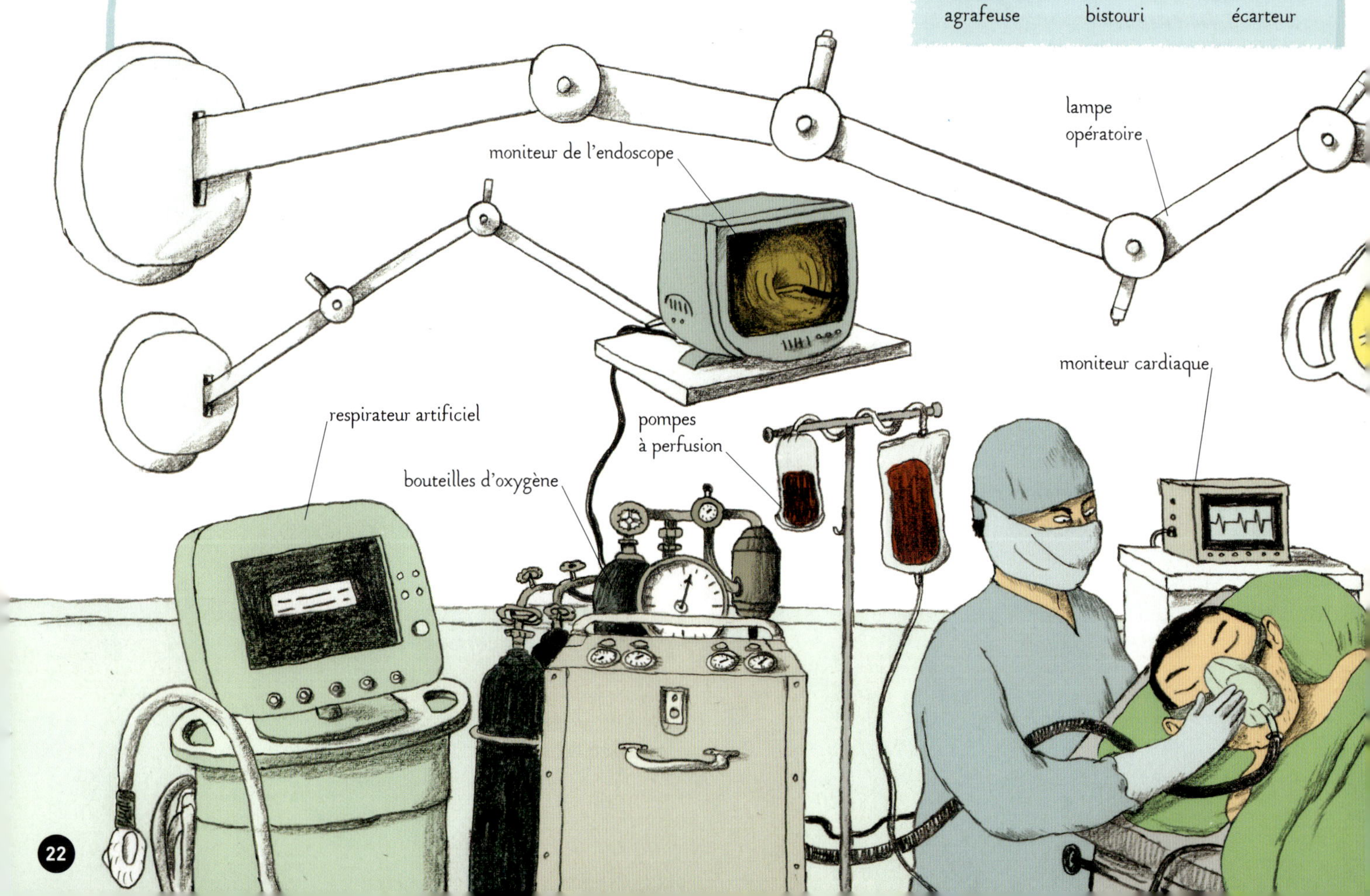

Éviter la douleur au malade

Médecin anesthésiste

Il endort le patient (anesthésie générale) ou **insensibilise** une partie de son corps (anesthésie locale) avant une opération chirurgicale.

Il utilise pour cela des **médicaments,** qu'il injecte au malade très peu de temps avant l'opération. Il doit ensuite **surveiller** le patient pendant que le chirurgien l'opère, puis s'assurer qu'il se réveille sans difficulté une fois l'opération terminée. Pour prévoir l'anesthésie la mieux adaptée au futur opéré en fonction de son âge, de son état de santé, ou encore de l'opération qu'il va subir, l'anesthésiste le reçoit en **consultation** quelques jours avant l'opération. Le médecin anesthésiste se charge aussi de **réanimer** les personnes dont le cœur ou la respiration vient de s'arrêter. C'est pour cela qu'il est appelé « médecin anesthésiste-réanimateur ».

SIGNES PARTICULIERS

- **Pour devenir médecin anesthésiste-réanimateur, dix à douze années d'études sont nécessaires après le baccalauréat.**

Assister le chirurgien

Infirmier de bloc opératoire

Cet infirmier spécialisé effectue des soins en salle d'opération (ou « bloc opératoire »).

Il **installe le patient** sur la table d'opération et s'assure que l'environnement de la pièce (température, luminosité, etc.) lui convient. **Il assiste le chirurgien** pendant l'opération en lui passant les instruments dont il a besoin. Il l'aide aussi à réaliser certains gestes médicaux comme les pansements et les sutures. L'opération terminée, il **accompagne** l'opéré en salle de réveil et vérifie que son état physique et moral est bon.

L'infirmier de bloc opératoire est responsable de **l'hygiène** de la salle d'opération et de l'ensemble des instruments chirurgicaux. Le moindre microbe peut, en effet, transmettre une infection grave au patient. Tout ce qui pénètre dans le bloc opératoire doit donc être rigoureusement désinfecté, même les vêtements de l'équipe médicale.

MOTS DU MÉTIERS

- **Mettre le couvert : préparer les instruments chirurgicaux avant l'opération.**
- **Bavette : masque stérile porté par les médecins et l'équipe médicale pendant l'opération.**

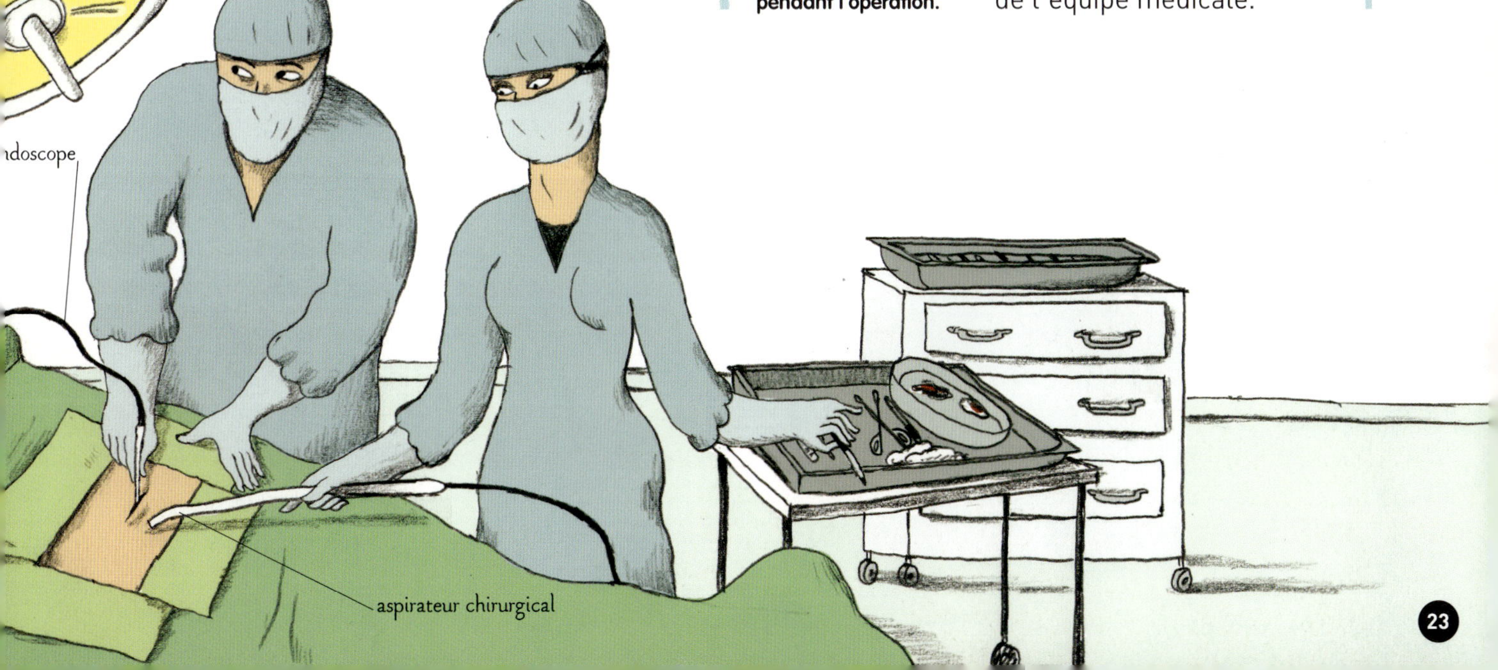

Analyser pour mieux soigner

Biochimiste médical

Il étudie des « échantillons » du corps humain (cellules sanguines, peau, os, etc.) pour comprendre les mécanismes des maladies et aider les médecins à trouver les traitements les plus efficaces et les mieux supportés.

Il travaille dans **un laboratoire,** au sein de l'hôpital ou à l'extérieur, sur des prélèvements réalisés par des infirmiers ou des médecins. Pour observer ce qui se passe au cœur des cellules vivantes, il utilise des **outils très perfectionnés :** microscopes, centrifugeuses, etc.

Le biologiste médical est **un chercheur.** Il observe, cherche à répondre aux questions qui se posent et réalise des expériences pour comprendre comment agit un médicament, ou encore évaluer ses effets non souhaités (ou « effets secondaires ») sur le patient.

MOTS DU MÉTIERS

• Paillasse : **table de travail, souvent recouverte de carrelage, sur laquelle le biochimiste fait ses manipulations dans le laboratoire.**

IL EST CÉLÈBRE

Jacques Monod (1910 - 1976)

Ce biochimiste a été parmi les premiers chercheurs français à s'intéresser à la génétique (étude des caractères que les parents transmettent à leurs enfants, comme la couleur des yeux par exemple). Il a reçu le **prix Nobel de médecine en 1965** pour ses travaux dans ce domaine. Brillant scientifique et professeur passionné, Jacques Monod a aussi publié un livre de philosophie intitulé *Le Hasard et la nécessité*.

ET DEMAIN ?

Cancers, sida, myopathies… de nombreuses maladies graves frappent encore. **Trouver des traitements** pour guérir les malades et, mieux encore, **fabriquer des vaccins** qui feront disparaître ces maladies : tels sont les défis que les biochimistes devront relever dans les prochaines années.

Transporter les patients

Ambulancier

Il transporte les personnes blessées ou affaiblies, au moyen d'un véhicule adapté, l'ambulance.

Il existe deux catégories d'ambulances conduites par des ambulanciers. Les **ambulances blanches** sont un peu les « taxis » des personnes malades. Elles les emmènent d'un hôpital à un autre, ou de leur domicile à l'hôpital. Le patient voyage assis ou allongé, mais ses jours ne sont pas en danger. Les **ambulances rouges** sont des véhicules d'urgence : elles conduisent le patient le plus rapidement possible à l'hôpital, après un accident par exemple.

L'ambulancier est un **excellent conducteur,** capable de conduire dans les pires embouteillages sans risquer la vie de son passager. Il connaît les gestes de premiers secours et peut les effectuer si son passager ne se sent pas bien pendant le transport vers l'hôpital.

SIGNES PARTICULIERS

- **La formation pour devenir ambulancier dure quatre mois. Pour la suivre, il faut avoir le niveau classe de 3e et le permis de conduire.**

Aider à mieux s'alimenter

Diététicien

Il élabore toutes sortes de menus adaptés aux modes de vie et aux goûts de chacun : enfants, personnes âgées, malades, etc.

Le diététicien travaille pour les cantines scolaires, les restaurants d'entreprise, les compagnies aériennes ou les hôpitaux. Il utilise ses connaissances des aliments, de la nutrition et du corps humain pour imaginer **des menus équilibrés** et variés, qui plairont au plus grand nombre. À l'hôpital, à la demande d'un médecin nutritionniste (spécialisé dans l'alimentation), il conçoit des **repas spéciaux** pour certains patients : plats sans sel, pauvres en graisses, etc.

Le diététicien reçoit parfois en **consultation** des personnes souffrant de problèmes de poids ou de comportement alimentaire, comme des enfants qui manquent d'appétit. Pour chaque cas particulier, il cherche l'alimentation la mieux ciblée.

SIGNES PARTICULIERS

- **Plus de neuf diététiciens sur dix sont des femmes.**

DANS LA MÊME FAMILLE

Consultant en diététique

L'industrie alimentaire emploie des diététiciens. Ils participent à la mise au point de nouveaux produits (plats cuisinés, biscuits, desserts, etc.), veillent au **respect de la réglementation** sur les aliments et **rédigent** les informations diététiques écrites sur les emballages.

S'occuper des enfants

Puéricultrice

Cette infirmière est spécialisée dans la santé des nouveau-nés et des enfants jusqu'à 16 ans.

À l'hôpital et dans les maternités, elle assure **les soins quotidiens** dont ses petits patients ont besoin : elle fait leur toilette, elle les nourrit, elles les console et leur parle. Comme n'importe quelle autre infirmière, elle fait aussi des piqûres, des pansements, et **surveille** l'état général des enfants... La puéricultrice joue un rôle important **auprès des parents.** Elle leur explique le traitement prescrit par le médecin, leur apprend comment s'y prendre si c'est leur premier bébé et les rassure lorsqu'ils sont inquiets.

On trouve des puéricultrices dans d'autres lieux accueillant des enfants, comme **les crèches.** Là, leur rôle ne se limite pas à soigner les petits bobos : elles aident les éducatrices de jeunes enfants à les **éduquer.**

SIGNES PARTICULIERS

• Après cinq années d'expérience professionnelle, la puéricultrice peut devenir directrice de crèche ou de halte-garderie.

ET HIER ?

À la fin du 18e siècle, beaucoup de bébés parisiens étaient **séparés de leurs mamans** et élevés par des nourrices à la campagne. Les médecins affirmaient que c'était bon pour la santé des enfants. Comme **les biberons n'existaient pas,** la nourrice donnait elle-même le sein au bébé, comme si c'était son propre enfant. L'enfant retournait dans sa famille **vers 2 ans,** quand il n'avait plus besoin d'être allaité.

LA JOURNÉE d'Agnès

Agnès, puéricultrice dans un service de chirurgie digestive

7h Agnès prend des nouvelles de ses huit patients auprès de l'infirmière de nuit, puis consulte leur dossier pour connaître les soins à faire.

8h15 Agnès apporte le petit déjeuner et les médicaments. Elle discute avec chaque enfant, et aide les plus jeunes à manger.

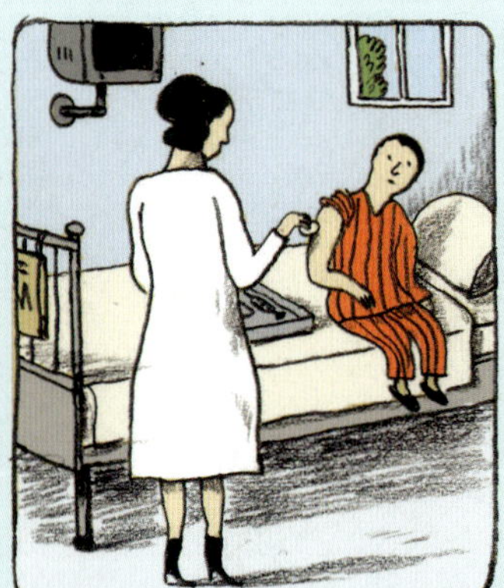

9h15 Pansements, piqûres, toilette... Agnès attend que les enfants soient disponibles pour leur faire les soins.

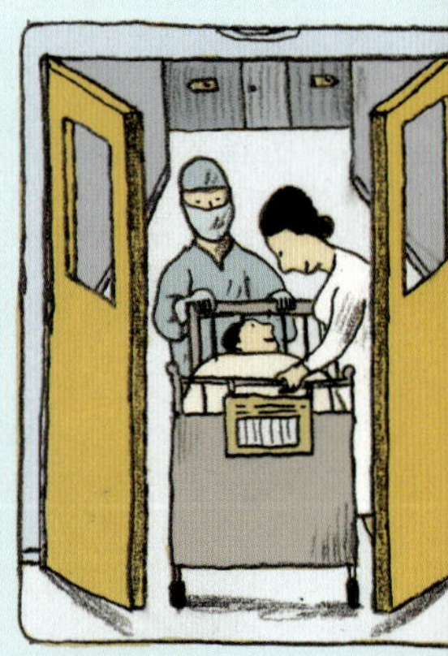

11h30 Agnès accompagne un enfant qui a l'appendicite jusqu'au bloc opératoire. Elle lui parle et le rassure.

PAS COMME LES AUTRES

Puéricultrice pour prématurés

On trouve beaucoup de puéricultrices dans les services de **néonatologie,** qui accueillent les nouveau-nés prématurés, c'est-à-dire nés **avant la fin du 9ème mois.** Leur tâche est difficile : la vie de ces bébés ne tient parfois qu'à un fil. Il faut les **nourrir** par des techniques spéciales, les manipuler avec précaution, mettre en place des perfusions sur leurs bras minuscules… Mais quelle victoire quand ces enfants peuvent enfin quitter **leur couveuse** et rentrer chez eux dans les bras de leurs parents !

14 h Les petits font la sieste. Agnès joue au jeu des 7 familles avec une fillette qui s'ennuie. Puis elle part en réunion avec les médecins.

16 h Agnès répond aux questions de parents inquiets. Elle quitte l'hôpital vers 19 h, après avoir souhaité une bonne nuit à chaque enfant.

Faire naître les bébés

Sage-femme

Elle suit les futures mamans pendant leur grossesse, puis les aide à accoucher le jour venu. Immédiatement après la naissance, elle examine le bébé et vérifie son état de santé.

La sage-femme travaille le plus souvent dans **une maternité.** Chaque mois, elle reçoit la future maman en consultation pour vérifier que le bébé **se développe bien** et que sa mère est en bonne santé. Elle peut demander, si nécessaire, des examens complémentaires, par exemple une échographie ou un bilan sanguin. Très souvent, elle donne aussi **des cours de préparation** à l'accouchement.

Le jour de l'accouchement, la sage-femme surveille attentivement l'arrivée du bébé et explique à la maman tout ce qu'elle doit faire. Si l'accouchement se complique, la sage-femme fait venir un médecin spécialisé, **le gynécologue-obstétricien.**

SIGNES PARTICULIERS

• Le métier de sage-femme est ouvert aux hommes, mais très peu d'entre eux choisissent cette profession.

l'INTERVIEW de Rosine

Quelle est l'ambiance de travail dans une maternité ?
Je rencontre chaque jour des femmes qui sont heureuses à l'idée d'avoir bientôt un bébé. C'est gai, et très stimulant.

Est-ce un métier stressant ?
Le plus souvent, les accouchements se passent bien. Et quand une naissance pose problème, il faut savoir agir sans paniquer.

Vous sentez-vous seule, parfois, face aux décisions difficiles ?
Non, je suis entourée de médecins, d'anesthésistes et de puéricultrices : nous prenons les décisions à plusieurs.

1 Responsable d'aérogare
Il orchestre toutes les activités dans l'aérogare : orientation et information des voyageurs, sécurité, nettoyage, etc.

2 Concepteur de voyages
Il élabore les circuits touristiques et les séjours de vacances vendus par les agences de voyages.

3 Mécanicien
Il effectue des travaux d'entretien et de réparation sur la mécanique de l'avion.

L'aéroport

4 Maître-chien
Accompagné du chien qu'il a dressé, il mène des missions de contrôle, de surveillance, de sécurité ou de sauvetage.

5 Agent d'escale
Il contrôle l'identité et les billets des passagers, puis enregistre les bagages qui vont voyager dans la soute de l'avion.

6 Responsable entrepôt
Dans un entrepôt de l'aéroport, il reçoit les marchandises, gère leur stockage et leur expédition.

Orienter les avions dans le ciel

Contrôleur aérien

Il surveille la circulation des avions dans le ciel et guide les pilotes pour qu'ils volent en sécurité, quelles que soient les conditions météorologiques.

Du haut de la tour de contrôle, le contrôleur aérien a vue sur la piste et le ciel. Mais c'est en regardant **ses écrans radars** qu'il vérifie si la voie est libre pour l'avion qu'il guide. Le contrôleur aérien travaille toujours **en équipe.** Il s'occupe de l'approche (quand l'avion arrive au-dessus de l'aéroport), de l'atterrissage, du décollage et du roulage (quand il se déplace au sol). Il aide aussi le pilote à **s'écarter du parcours** prévu si nécessaire, par exemple pour éviter une tempête. C'est le « contrôle en route ».

Contrôleurs aériens et pilotes se parlent sur **une fréquence radio spéciale,** le plus souvent en anglais.

SIGNES PARTICULIERS

- **En France, une seule école, à Toulouse, forme les contrôleurs aériens, en cinq années d'études après le bac.**

ET DEMAIN ?

Le nombre d'avions en circulation dans le ciel **augmente** constamment. Pour permettre à un plus grand nombre d'avions d'être guidés en même temps, de **nouveaux systèmes de communication** sont expérimentés. Dans certains aéroports, le pilote reçoit ainsi **directement** sur son ordinateur de bord des informations que le contrôleur aérien lui donnait auparavant par liaison radio.

Réparer les avions

Technicien électronicien

Il intervient sur les avions pour installer, tester ou réparer le matériel électronique qui est à leur bord : radars, radio navigation, pilote automatique, verrouillage des portes, alarmes, etc.

Pour trouver l'origine d'une panne ou pour régler avec précision un instrument de navigation, il utilise **des appareils de mesure** perfectionnés, souvent reliés à des ordinateurs. Parfois, **il manipule et assemble,** en les soudant, des éléments (ou « composants ») minuscules : les systèmes électroniques des avions sont généralement miniaturisés.

Le technicien électronicien travaille pour **un constructeur** d'avions, **une compagnie** aérienne, une société d'entretien et de réparation d'avions, ou pour l'armée de l'air. Il peut aussi être employé par un constructeur **de voitures,** d'ordinateurs ou **d'appareils électroménagers.**

SIGNES PARTICULIERS

- **On peut commencer des études d'électrotechnique après la classe de 3e, en préparant un CAP (certificat d'études professionnelles).**

Piloter les avions

Commandant de bord

Aux commandes de l'avion, il transporte des passagers d'un aéroport à l'autre, pour le compte d'une compagnie aérienne. Il est assisté par un ou deux copilotes.

Avant le décollage, le commandant de bord **prépare son vol** en fonction des caractéristiques de l'avion et du trajet. Il consulte **les prévisions météorologiques** et regarde la liste des passagers pour savoir si l'avion sera complet ou non. Il se présente enfin à l'équipage qui s'occupera des passagers pendant le voyage. En vol, **il ajuste la trajectoire de l'avion** aux conditions réelles. Il peut ainsi changer d'altitude pour éviter des turbulences. Lors du décollage et de l'atterrissage, le commandant de bord est **guidé par un contrôleur aérien.**

Les pilotes de ligne sont généralement spécialisés dans **un type d'avion** (Boeing 747, Airbus A 320, etc.) et dans **une longueur de vol :** courte distance, moyen-courrier ou long-courrier.

MOTS DU MÉTIERS

- **Tagazou** : avion peu puissant.
- **Rampant** : personne travaillant autour des avions, qui reste toujours au sol. Le commandant de bord, lui, fait partie des « volants ».

L'INTERVIEW de Pierre

Pourquoi avez-vous choisi ce métier ?
C'est un ami de mes parents pilote de ligne qui m'a donné le virus. À 12 ans, j'ai voyagé avec lui dans le cockpit et j'ai su que je voulais faire ce métier.

Qu'est-ce qui vous plaît le plus ?
J'adore voler. Là-haut, la vue est magnifique et elle change tout le temps. Je survole les montagnes, les océans, les déserts d'Afrique... Même le spectacle des nuages est magique.

Vous arrive-t-il d'avoir peur en vol ?
Jamais. Pendant ma formation, j'ai appris à gérer mes craintes.

IL EST CÉLÈBRE

Antoine de Saint-Exupéry (1900-1944)

L'écrivain Antoine de Saint-Exupéry, auteur du livre *Le Petit Prince*, était aussi **aviateur.** Il a conduit des avions de **l'Aéropostale,** une compagnie chargée d'**acheminer le courrier** aux quatre coins du monde. Il a aussi été pilote dans **l'armée** pendant la Seconde Guerre mondiale : il prenait des photographies des pays depuis le ciel. Il a disparu en mer avec son avion pendant l'une de ces missions de reconnaissance.

Contrôler les voyageurs

Agent des douanes

À l'intérieur de l'aéroport, il contrôle les voyageurs et les marchandises qui arrivent d'un autre pays ou partent à l'étranger.

Il s'assure que chaque voyageur possède **les papiers nécessaires** pour changer de pays (visa, passeport ou autorisation de sortie de territoire). Il vérifie que ses bagages ne contiennent pas **d'articles à déclarer** en douane, ni de **produits interdits** par la réglementation du pays. L'agent des douanes inspecte également les cargaisons de tous les avions transportant des marchandises (ou « avions de fret »).

L'agent des douanes est **fonctionnaire :** il est employé par l'État. Il porte toujours un uniforme, il est armé, et parfois aidé d'un **chien** dressé à trouver de la drogue ou des explosifs.

SIGNES PARTICULIERS

• Pour s'inscrire au concours d'agent des douanes, il faut avoir son brevet et être âgé de 17 ans.

Aider les passagers à bord

Hôtesse de l'air

L'hôtesse de l'air (ou si c'est un homme« steward ») est responsable de l'accueil des passagers, de leur sécurité et de leur confort à bord de l'avion.

Avant le départ, l'hôtesse étudie **les particularités du vol :** nombre de passagers, durée du voyage, présence de personnes handicapées à bord, etc. Puis elle vérifie **le bon fonctionnement** des équipements de sécurité et des différents appareils (micros, écrans vidéo, etc.). Pendant le vol, elle s'assure que les passagers respectent **les consignes de sécurité,** comme l'interdiction de fumer. Elle les renseigne et s'assure qu'ils passent un agréable voyage. Si un passager ne se sent pas bien, elle peut effectuer les premiers soins d'urgence.

L'hôtesse travaille avec un **équipage différent** sur chaque vol et change sans arrêt de **destination :** elle n'a pas peur de la nouveauté ni du décalage horaire.

SIGNES PARTICULIERS

• L'hôtesse doit avoir une présentation soignée et parler plusieurs langues. Pour faire ce métier, il faut aussi avoir un bon niveau de natation.

S'occuper des avions au sol

Agent de trafic

Il s'occupe de l'avion aussitôt que les passagers en descendent, et jusqu'à ce que les suivants montent à bord pour un nouveau voyage. Entre ces deux « rotations », il ne s'écoule parfois pas plus d'une heure.

Talkie-walkie à la main, l'agent de trafic orchestre toutes les interventions autour de l'avion, du **remplissage des réservoirs** de carburant aux vérifications techniques, en passant par **le nettoyage de la cabine** et la livraison des plateaux repas. Il contrôle la répartition **des bagages** dans la soute : gare aux accidents si l'avion n'est pas bien équilibré !

Pour chaque avion qu'il prend en charge, l'agent de trafic prépare le travail sur son ordinateur. Puis il rejoint l'avion et ne le quitte plus jusqu'à son départ. Il met tout en œuvre pour que l'avion **décolle à l'heure prévue.**

Mots du métiers

- **La touchée :** c'est le temps qui s'écoule entre l'arrivée et le départ de l'avion.
- **Le tarmac :** l'endroit de l'aéroport où stationnent les avions qui arrivent ou qui vont partir.

L'interview de Myriam

De combien d'avions vous occupez-vous chaque jour ?
Cinq en moyenne.

Par quoi commencez-vous ?
Par le plan de chargement des soutes. Pour établir ce document, je regarde notamment les prévisions de réservations, le nombre de bagages enregistrés et le volume de carburant embarqué.

Êtes-vous souvent sur la piste ?
Oui, car je coordonne plusieurs interventions. Je suis le plus souvent dehors, et pas question de se réfugier dans la cabine quand il fait froid. Et je ne compte pas le nombre de fois où je monte et redescends de l'avion !

Dans la même famille

Agent d'escale

Vêtu de l'uniforme de la compagnie aérienne, **il s'occupe des voyageurs** qui s'apprêtent à prendre un avion. Il vérifie leurs billets et enregistre leurs bagages. Au moment où les passagers montent dans l'avion, **il contrôle leurs papiers d'identité** et leurs cartes d'embarquement. Enfin, dans l'aéroport, il prend en charge les enfants qui voyagent seuls et les personnes à mobilité réduite.

Piloter des trains de voyageurs

Conducteur de train

Seul aux commandes de sa locomotive, il pilote un train de voyageurs ou de marchandises en veillant au respect des règles de sécurité et des horaires.

Avant le départ, il vérifie que tout fonctionne bien dans sa cabine. Il prend aussi le temps d'étudier **les caractéristiques du train et du trajet :** poids du convoi, limitations de vitesse sur la ligne, etc. Pendant le trajet, le conducteur **régule la vitesse du train** en fonction des indications sur son écran. Il est ainsi prévenu à l'approche d'un tunnel, si la voie s'incline en pente, etc. Il doit garder son sang-froid face aux situations imprévues, comme lorsqu'un objet volumineux posé sur les rails gêne le passage du train.

Un jeune conducteur débute sur des lignes de banlieue ou des trains de marchandises. Après quelques années de conduite, il peut demander à être affecté sur une ligne principale et conduire **un TGV.**

MOTS DU MÉTIERS

- **Pondeuse :** engin utilisé pour construire les voies, qui dépose automatiquement les traverses sur le sol.

ET HIER ?

À l'époque **des locomotives à vapeur,** il fallait être deux pour conduire un train. **Le chauffeur** alimentait la chaudière avec du charbon ou du bois, et de l'eau pour produire de la vapeur. Pendant ce temps, **le mécanicien** se chargeait de **la conduite.** Il gardait toujours un œil sur les voies… et sur sa montre.

Vendre des voyages

Agent de réservation

Salarié d'une compagnie aérienne ou d'une agence de voyages, il conseille les clients et leur vend des billets d'avion ou de train, des séjours de vacances, des nuits d'hôtel, des visites touristiques, etc.

Un **logiciel informatique** lui permet de savoir en direct si le voyage qui intéresse le client est disponible. Si jamais le client est indécis, l'agent de réservation lui remet des **brochures touristiques** pour l'aider à faire son choix. Il répond aussi à ses questions sur le climat du pays, sa culture, la nourriture qu'on y trouve, ou encore sur les vaccins obligatoires pour y voyager.

Certains agents de réservation travaillent dans des **centrales de réservation,** où ils renseignent les clients uniquement par téléphone.

SIGNES PARTICULIERS

- **Il faut deux années d'études après le baccalauréat pour se former à ce métier.**

Aider les autres et partir à l'étranger

Logisticien de l'humanitaire

Il s'occupe de l'organisation matérielle de missions humanitaires. Grâce à lui, les volontaires de la mission (médecins, infirmiers, ingénieurs, etc.) travaillent dans de bonnes conditions.

Il monte les tentes du camp de réfugiés, **supervise l'acheminement** de médicaments ou de colis alimentaires, **organise les déplacements** de l'équipe, ou encore trouve une maison pour installer le « quartier général » de la mission. Certains logisticiens sont **spécialisés,** par exemple dans la mécanique automobile, l'installation de réseaux d'eau potable ou la sécurité.

Le logisticien prépare sa mission depuis le siège de l'organisation qui l'emploie. Il se rend ensuite dans le pays où l'aide humanitaire est nécessaire, et **y reste souvent plusieurs mois.**

SIGNES PARTICULIERS

• Pour exercer ce métier, il faut être débrouillard, bricoleur et parler anglais couramment.

L'INTERVIEW de Paolo

Qu'est-ce qui vous a poussé à partir ?
J'étais chef de chantier, je construisais des immeubles. Un jour, j'ai eu envie de changer d'air : j'ai contacté une association humanitaire, qui m'a proposé de partir à Sumatra, où le tsunami de 2004 a fait des ravages.

Quelle a été votre première impression en arrivant ?
J'ai été bouleversé par les conditions de vie de ces gens qui avaient tout perdu.

Quel est votre meilleur souvenir ?
Le sourire des Indonésiens. Et la rapidité avec laquelle, grâce à notre aide, ils se sont mis à reconstruire.

LA JOURNÉE de Martial

Martial est logisticien humanitaire au Tchad (Afrique)

8 h Martial fait un point avec l'équipe, dont la mission est de vacciner 150 000 enfants contre la rougeole.

10 h Il contrôle les stocks de nourriture et de matériel, et passe commande de ce qui manque.

12 h 15 Une infirmière est en panne de voiture. Il la rejoint et l'accompagne au centre de vaccination.

14 h De retour au camp, il réceptionne une livraison de matériel médical.

16 h Martial répare la voiture et part à l'aéroport chercher deux nouveaux volontaires.

18 h Il rétablit la connexion Internet, en téléphonant à son ami informaticien.

20 h Dîner avec les vingt personnes de l'équipe : un précieux moment de détente.

22 h Avant de se coucher, Martial envoie quelques mails à ses amis d'Europe.

1 Architecte naval
Il crée des bateaux à voile ou à moteur et en dessine les plans.

2 Acheteur de poissons
Il achète de grandes quantités de poissons, pour les revendre à des commerçants, des restaurateurs, etc.

3 Sauveteur en mer
À bord d'un bateau spécialement équipé, il intervient avec son équipe pour porter secours aux personnes en danger.

Le port maritime

4 Docker
Dans les ports, il assure le chargement et le déchargement des navires de marchandises.

5 Garde du littoral
Il mène des actions pour protéger la faune et la flore du bord de mer, et s'assure que les promeneurs respectent l'environnement.

Être le chef du navire

Commandant de bord de la marine marchande

Chef du navire et de son équipage, il conduit le bateau d'un point à l'autre, pour le compte d'un propriétaire (ou « armateur »). En général, il s'agit d'un gros bateau : cargo, porte-conteneurs, pétrolier, car-ferry, etc.

Le commandant de la marine marchande **gère l'embarquement** des marchandises et des équipiers. En mer, **il dirige le navire et les manœuvres.** Le voyage peut durer plusieurs semaines, parfois plusieurs mois, avec **des escales,** des arrêts au port pour charger d'autres marchandises et se ravitailler.

Le commandant de bord ne voyage jamais avec le même équipage et change souvent de navire. Doté du **grade de capitaine,** il est le plus haut placé dans la hiérarchie maritime. Il a sous ses ordres des officiers, des matelots, des mécaniciens, des électriciens, etc.

Mots du métiers

- **Prendre une longitude :** s'allonger sur sa couchette.
- **Porte-boîte :** porte-conteneur (navire transportant des marchandises placées dans de très grosses caisses métalliques).

La journée de Loïc

Loïc, commandant de pétrolier

8 h Loïc monte à bord du *Lamalou*, un pétrolier de 245 m amarré dans le port de Rotterdam, aux Pays-Bas.

9 h Le commandant qui a amené le navire jusqu'à Rotterdam lui donne les caractéristiques du chargement.

10 h Loïc étudie le parcours et prévoit la prochaine escale, en fonction des prévisions météo.

10 h 45 Il fait le point sur la traversée avec son état-major (2d capitaine, chef mécanicien, officier radio, etc.).

11 h En mer, des équipements informatisés lui donnent des informations en temps réel sur le trajet.

13 h Loïc passe la barre au 2d capitaine et va déjeuner en salle des officiers. Puis il se détend à la salle de sport.

14 h 30 Avant de reprendre les commandes, il s'assure que tout se déroule normalement en salle des machines.

22 h Loïc laisse sa place au 2d capitaine pour aller dormir. Mais il reste toujours joignable en cas de problème.

Être un soldat et naviguer

Officier de la Marine nationale

Ce militaire de carrière navigue à bord de bâtiments de la Marine nationale : frégates, porte-avions, sous-marins, etc. Il dirige le navire, les manœuvres militaires et encadre l'équipage.

Voguant sur toutes les mers du globe, il participe à **des missions de surveillance** ou de reconnaissance, de **maintien de la paix,** de lutte contre les trafics ou contre le terrorisme. À la fois **militaire et scientifique,** il se spécialise dans la stratégie militaire, la sécurité ou l'informatique.

Certains officiers de la Marine nationale **restent à terre.** En poste dans une base navale, ils sont par exemple chargés de l'entretien des bateaux. Comme la Marine nationale possède une flotte aérienne, l'officier de marine peut aussi être **pilote d'hélicoptère** ou **d'avion de chasse.**

SIGNES PARTICULIERS

• À l'École navale, les futurs officiers reçoivent une formation d'ingénieur en cinq ans après le baccalauréat.

PAS COMME LES AUTRES

Ingénieur propulsion nucléaire

Il travaille à bord d'un **sous-marin nucléaire militaire,** un navire qui peut rester sous l'eau deux fois plus de temps qu'un sous-marin classique. Il a reçu une formation d'ingénieur spécialisé en génie atomique pour s'occuper de **la conduite** et de **l'entretien** du système de propulsion du sous-marin. Il part en mission pendant plusieurs mois et peut rester **cinquante jours** sans remonter à surface.

Manœuvrer de gros navires

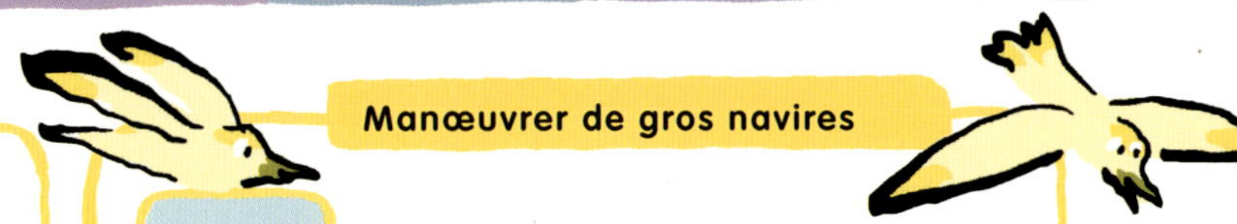

Pilote de port

Il aide les navires de grande taille à entrer et à sortir du port, et à manœuvrer à l'intérieur des bassins.

Contacté quelque temps avant l'arrivée du bateau par **le commandant** du navire, le pilote de port prend d'abord le maximum d'informations sur le bateau : dimensions, nature du chargement, heure d'arrivée prévue, etc. Lorsque le bâtiment arrive au large du port, le pilote est amené jusqu'à lui **en bateau,** parfois même **en hélicoptère.** Une fois à bord, il dirige la manœuvre. Il connaît son port mieux que personne et **guide le navire** jusqu'à son quai, sans qu'il racle le fond ni ne percute les installations du port.

Le métier de pilote existe dans toutes les zones de **navigation difficile :** fleuves, estuaires, chenaux, etc.

SIGNES PARTICULIERS

• Actuellement, il y a environ 300 pilotes de port en France : les débouchés pour ce métier sont très limités.

l'INTERVIEW de Jean-Marc

Quel est votre parcours ?
J'ai été capitaine sur des bateaux de croisière pendant quinze ans avant de devenir pilote de port.

Quelle est la manœuvre la plus difficile quand on guide un bateau ?
Le demi-tour pour que le bateau reparte en marche avant. Quand le bateau est presque aussi long que le bassin, c'est délicat !

Quel est votre pire souvenir?
Le navire que je guidais a tamponné le quai. Il allait lentement, mais vu le poids du bateau, le quai a été endommagé. Heureusement, personne n'a été blessé.

Pêcher en pleine mer

Pêcheur

Marin spécialiste de la pêche, il embarque pour la journée (pêche artisanale) ou pour plusieurs semaines (pêche industrielle). Il capture des poissons, des coquillages ou des crustacés qui seront vendus de retour au port.

En mer, une fois les poissons capturés, le marin-pêcheur les **nettoie,** les **trie** et les dispose dans des caisses remplies de glace. Il participe aussi à **la conduite et à l'entretien du navire.**

L'équipage d'un bateau de pêche se compose généralement d'**un patron** (ou **capitaine de pêche**), d'un second, d'un mécano, et de matelots. Parfois, outre l'équipage habituel, les très gros bateaux embarquent en plus des spécialistes, comme **les techniciens du froid.** Ils se chargent de la conservation des poissons pêchés et de leur transformation (en produits surgelés par exemple).

SIGNES PARTICULIERS

- **Le salaire des marins-pêcheurs dépend de l'argent récolté lors de la vente du poisson.**

ÉQUIPEMENT

ET DEMAIN ?

À force d'être pêchées, certaines espèces de poisson sont **en train de disparaître.** Pour éviter une catastrophe naturelle, les autorités ont ainsi fixé des **quotas** qui obligent les pêcheurs à capturer **moins de poissons.** Afin de préserver les ressources de la mer, des **élevages** de poissons, des « fermes marines » ont aussi été créés. De plus, les conditions de travail y sont **moins rudes** pour les pêcheurs qu'à bord des bateaux de pêche.

S'occuper des bateaux au port

Consignataire de navire

Il organise l'escale des navires dans le port de commerce, et contrôle le chargement et le déchargement des marchandises.

Le consignataire vérifie que la cargaison du navire est **en règle avec la loi.** Si le bateau arrive d'un pays étranger, les marchandises doivent ainsi être accompagnées d'une autorisation d'exportation. Il règle les petits **problèmes de l'équipage** qui vient de passer de longues semaines en mer, en communiquant par exemple aux marins des adresses de médecins.

Dans l'intérêt du **propriétaire du bateau,** il s'assure que **les cales sont chargées au maximum :** chaque trajet doit être le plus rentable possible. Si ce n'est pas le cas, il cherche de nouvelles marchandises à embarquer.

SIGNES PARTICULIERS

- **Ce métier s'apprend souvent sur le terrain, après des études de commerce ou de gestion.**

DANS LA MÊME FAMILLE

Courtier d'affrètement

Il fait le lien entre le propriétaire de la marchandise et le bateau qui la transportera. Après avoir trouvé le navire le mieux adapté à la marchandise, **il négocie le prix** du voyage et **rédige les papiers** pour le transport. Si jamais la marchandise se perd ou s'abîme en mer, il s'engage à trouver une solution pour dédommager son propriétaire.

Organiser les transports

Responsable logistique

Il orchestre le transport des marchandises pour le compte d'une entreprise. Son objectif : que les produits arrivent chez le client à la date prévue, en bon état et que ce voyage coûte le moins cher possible.

Le responsable logistique regroupe d'abord les marchandises à expédier, puis **il choisit le mode de transport** le plus adapté. Il contacte ensuite un transporteur, par exemple **un armateur** (le propriétaire d'un bateau) ou une société **de transports routiers,** et **négocie** les conditions du voyage (délais, prix, etc.).

Le responsable logistique a son bureau dans l'entrepôt où sont stockées les marchandises avant le départ. Quand il n'est pas **devant son ordinateur** ou au téléphone, on le trouve au milieu des conteneurs, occupé à diriger les opérations **de chargement ou de déchargement.**

SIGNES PARTICULIERS

- **Le métier de responsable logistique est en plein développement.**

L'INTERVIEW d'Éliane

Quel est votre rôle?
Je travaille pour une entreprise de jouets. De l'entrepôt, je fais expédier les commandes aux clients.

Quelles qualités faut-il pour faire ce métier ?
Il faut être organisé et avoir un bon contact avec les gens. Il faut aussi savoir rester « zen », quand il y a plusieurs centaines de commandes à envoyer par jour !

Y a-t-il beaucoup de femmes qui font ce métier ?
Non. Pourtant, il n'y a pas besoin d'être costaud pour l'exercer : ce sont les manutentionnaires qui déplacent la marchandise dans l'entrepôt.

Être sauveteur et transmettre

Maître nageur

Il surveille les baigneurs au bord des piscines et autour des plans d'eau. Souvent, il donne aussi des leçons de natation aux enfants et aux adultes.

Perché sur sa chaise haute, le maître nageur **observe attentivement** la zone de baignade, à l'affût du moindre incident. **Il rappelle à l'ordre** les enfants qui courent autour du bassin ou le nageur qui s'éloigne trop de la plage. Lorsqu'il repère une personne en détresse, il vient immédiatement à son secours et effectue **les soins d'urgence** nécessaires.

Certains maîtres nageurs participent également à **l'entraînement des sportifs** dans des disciplines comme la natation, le water-polo, la natation synchronisée, ou encore le plongeon.

Signes particuliers

• La formation pour devenir maître nageur ne dure que quelques semaines. Elle comporte surtout des exercices pratiques dans l'eau.

Étudier les mers et informer

Chercheur océanographe

Scientifique de haut niveau, il effectue des recherches sur les mers et les océans. Il étudie les courants, la faune et la flore, les ressources sous-marines (pétrole, gaz, etc.), ou encore l'impact de la pollution.

L'océanographe part en mission à bord d'un navire **doté d'équipements spécifiques** qui permettent d'observer, de mesurer, d'effectuer des prélèvements, etc. Il lui arrive aussi de **plonger,** ou d'utiliser de petits engins d'exploration sous-marine. De retour à son laboratoire, **il analyse et exploite** les informations recueillies en mer.

Employé par l'État ou par une société privée, l'océanographe travaille toujours en équipe. Il rédige **des articles** sur ses découvertes pour les faire connaître et donne aussi parfois **des cours** à l'université.

Signes particuliers

• Le chercheur océanographe ne passe que quelques semaines en mer par an. Le reste du temps, il est dans son laboratoire ou devant son ordinateur.

Il est célèbre

Le commandant Cousteau (1910-1997)

Plongeur passionné, cet homme a consacré sa vie à **l'exploration des fonds marins.** Il a sillonné les océans à bord de La *Calypso,* son navire océanographique. Il a aussi conçu plusieurs modèles de **soucoupes plongeantes,** capables d'emmener des passagers à 500 m de profondeur. Défenseur de la Terre, le commandant Cousteau a mis en évidence **les ravages de la pollution.** Il a réalisé plusieurs films sur le monde sous-marin, dont *Le Silence de la mer.*

Apprendre aux autres à naviguer

Moniteur de voile

Il enseigne la voile à des groupes d'enfants ou d'adultes, dans les clubs de voile, les bases de loisirs, les centres de vacances.

Le moniteur apprend **les bases de la voile** aux débutants et il aide les marins expérimentés à **se perfectionner.** Il maîtrise les techniques de navigation quelle que soit l'embarcation : Optimist (petit voilier réservé aux enfants), catamaran (voilier à deux coques), planche à voile, kyte-surf, etc. Il connaît parfaitement la mer et ses dangers, ainsi que **les règles de sécurité :** il sait anticiper une tempête et ramener son groupe à temps.

En cas d'incident, le moniteur doit **secourir** ses élèves : il en est responsable. Il peut aussi effectuer les premiers **soins d'urgence.**

SIGNES PARTICULIERS

• La voile se pratique surtout au printemps et en été. Certains moniteurs ont une double formation, voile et ski par exemple, qui leur permet de travailler aussi pendant l'hiver.

DANS LA MÊME FAMILLE

Skipper

Il conduit (ou « convoie ») des voiliers **d'un port à l'autre,** à la demande de leur propriétaire. Il peut aussi amener jusqu'à leur futur port d'attache **les bateaux neufs** sortant du chantier de construction navale. Parfois, le skipper emmène en mer **des passagers** qui veulent faire du voilier mais ne savent pas naviguer. Sportif de haut niveau, il lui arrive aussi de prendre la barre **de voiliers de compétition.**

La salle de

1 Accessoiriste
Pendant le concert ou le spectacle, il donne aux artistes les accessoires dont ils ont besoin sur scène, au bon moment.

2 Concepteur lumière
Il crée l'éclairage de la scène, décide du matériel à utiliser, puis le met en place.

3 Costumier
Il conçoit et confectionne les costumes portés par les artistes sur scène et aide ces derniers à s'habiller dans les loges.

spectacles

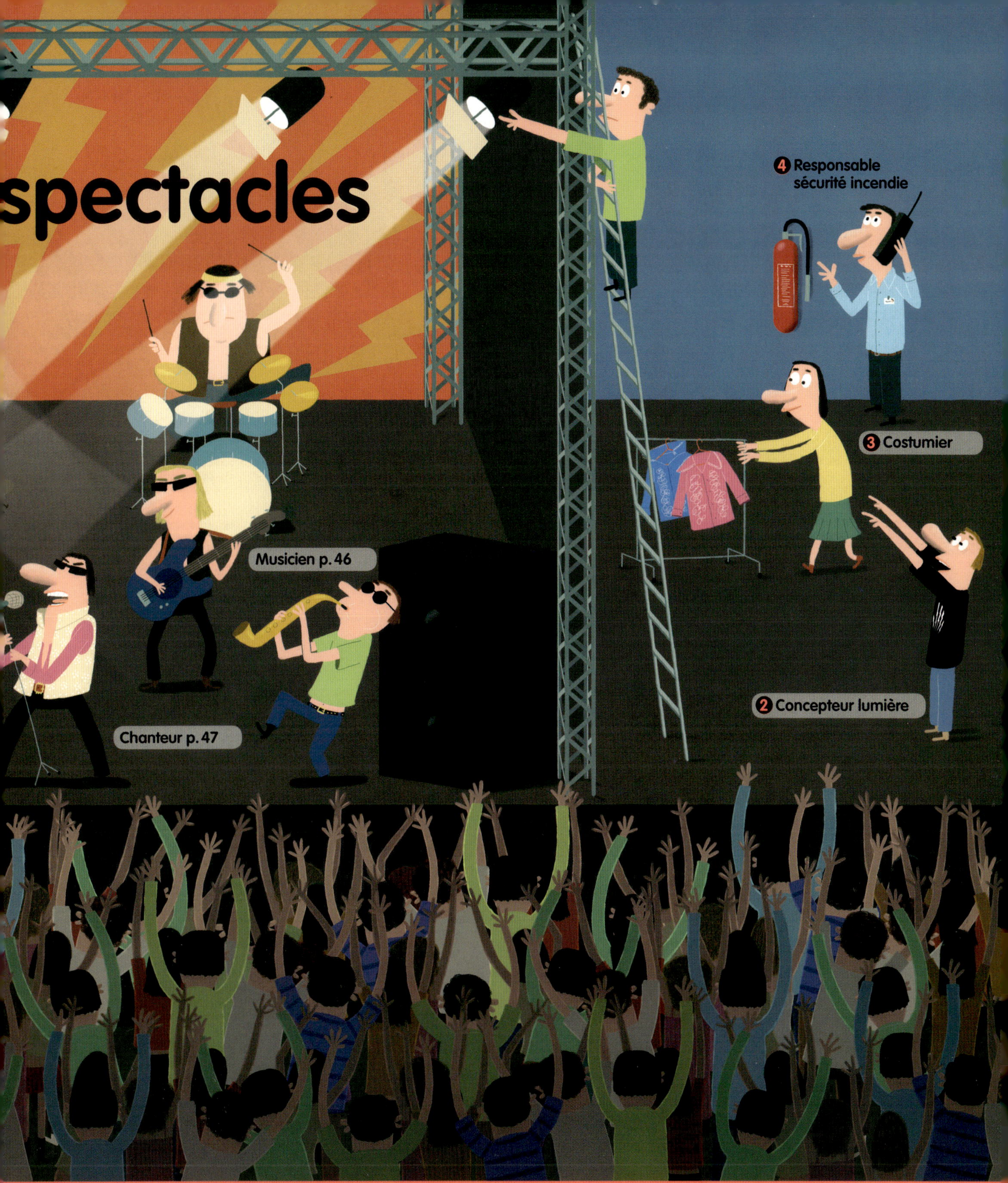

4 Responsable sécurité incendie
Il s'assure qu'aucun incendie ne se déclenche sur le lieu du spectacle et élabore un plan préventif d'évacuation des personnes.

Jouer d'un instrument, composer

Musicien

Spécialiste d'un ou de plusieurs instruments, il gagne sa vie en participant à des concerts ou en faisant des enregistrements en studio. Il compose ses propres musiques ou joue à sa manière des morceaux composés par d'autres.

Le musicien classique fait souvent **partie d'un orchestre.** Il peut être musicien « de rang » ou soliste. Beaucoup de musiciens classiques donnent en plus des cours, dans des conservatoires ou chez les particuliers.

Quand il ne fait pas partie d'un groupe, le musicien de rock ou de variété mène **une carrière solo.** Il enregistre des disques, se produit sur scène, **compose** des musiques pour des films, des publicités ou des spectacles.

SIGNES PARTICULIERS

• Comme beaucoup d'artistes, le musicien est intermittent du spectacle : quand il n'a pas de travail, il perçoit une indemnité, calculée en fonction des dernières sommes (« cachets ») qu'il a gagnées.

PAS COMME LES AUTRES

Le chef d'orchestre

Dans la musique classique, le chef d'orchestre **fait répéter** les musiciens de l'orchestre et **les dirige** pendant qu'ils jouent. **Il étudie la partition** et construit son interprétation personnelle de l'œuvre. Pendant les répétitions, **il guide les musiciens** pour que leur jeu corresponde aux nuances voulues. **En concert,** ses gestes indiquent aux musiciens, les moments où il faut ralentir le rythme, accélérer, jouer plus ou moins fort, etc.

Régler le son lors des spectacles

Ingénieur du son

Il garantit la qualité du son direct ou enregistré, dans les salles de spectacles et les studios de musique, sur les tournages de cinéma, à la radio.

L'ingénieur du son **place les micros** en fonction de ce qu'il souhaite mettre en avant : voix, musique ou bruits d'ambiance. Pendant la prise de son, il contrôle **la qualité de l'enregistrement,** traquant les bruits non souhaitables, comme le ronronnement d'une ventilation par exemple. Il peut modifier en direct les sons recueillis. Il a aussi la possibilité de les retravailler plus tard **en studio :** les mélanger (ou « mixer ») avec d'autres sons, ajouter des effets, etc.

L'ingénieur du son utilise du **matériel perfectionné :** logiciels informatiques, consoles de mixage numériques, etc. C'est souvent un technicien passionné, qui sait faire preuve de **créativité.**

MOTS DU MÉTIERS

• Bonnette : petit bonnet de mousse qu'on place sur le micro pour éliminer certains bruits non souhaitables, comme le souffle du vent.

Être virtuose avec sa voix

Chanteur

Son instrument de musique, c'est sa voix ! Il chante sur scène, seul ou dans un groupe de choristes, et enregistre des disques en studio. Le chanteur passe beaucoup de temps à travailler sa voix.

Le chanteur lyrique interprète le répertoire classique qui correspond au **timbre de sa voix :** alto, soprano, ténor, etc. Il fait parfois partie d'un **ensemble vocal,** ou mène une **carrière de soliste** et chante les rôles qu'on lui propose dans les opéras, les opérettes, etc.

Le chanteur de rock ou de variété est libre d'interpréter les morceaux comme il le souhaite. Mais pour faire carrière, il doit soigner son look et sa façon d'être. Aussi, il a tout intérêt à **s'entourer de professionnels :** manager d'artiste, professeur de chant, etc.

SIGNES PARTICULIERS

• Réussir à percer comme chanteur peut parfois paraître facile. Pourtant, les chanteurs qui arrivent à vivre de leur voix sont très peu nombreux.

ELLE EST CÉLÈBRE

Shakira

Shakira est née en 1977, en Colombie. Petite, elle adorait danser et chanter. **À 13 ans,** elle a enregistré son premier album. **Auteur-compositeur-interprète** (elle écrit ses propres chansons), Shakira est aujourd'hui célèbre dans le monde entier. Elle a obtenu deux **Latin Grammy Awards** et a aussi été **récompensée par l'ONU** pour avoir fondé une association qui aide les enfants pauvres de son pays.

Préparer la salle avant le spectacle

Régisseur technique

Il dirige la préparation de la salle avant le spectacle, comme le montage des décors et l'installation des équipements son et lumière.

Quelques jours **avant la représentation,** le régisseur étudie les détails techniques de la salle : dimensions de la scène, nombre de places, localisation des branchements électriques, etc. Le jour même, il arrive avec son **équipe de techniciens.** Il apporte souvent l'essentiel du matériel à installer : projecteurs, micros, câbles et consoles de mixage. La mise en place de tous ces éléments ressemble à une **course contre la montre :** la salle doit être prête à l'heure prévue.

Le régisseur technique satisfait les volontés de l'artiste tout en respectant **la réglementation en matière de sécurité.**

SIGNES PARTICULIERS

- **Comme le régisseur technique suit le spectacle ou l'artiste en tournée, il part souvent loin de chez lui.**

LA JOURNÉE d'Erwan

Erwan, régisseur sur la tournée d'un chanteur

7 h Erwan arrive sur le lieu du concert du jour avec deux camions de matériel.

9 h Pendant le montage, il cherche une solution aux problème techniques.

13 h L'équipe déjeune, tandis qu'Erwan travaille encore avec un sonorisateur.

14 h Il aide les éclairagistes à régler l'orientation des projecteurs.

16 h 30 Erwan ajuste les réglages pour que chaque musicien ait le « bon » son.

18 h Erwan dispose des roses sur la scène, comme l'a demandé le chanteur.

20 h Pendant le concert, il est toujours prêt à intervenir en cas de pépin technique.

23 h Le matériel est démonté et rangé. Loïc rejoint l'équipe et s'endort dans le bus.

Choisir les spectacles d'une salle

Programmateur

Il choisit les artistes et les spectacles qui seront présentés dans sa salle de concert ou dans son théâtre.

Le programmateur est parfois contacté directement par l'artiste, qui lui envoie un dossier et un extrait (ou « démo ») de son travail. Il passe aussi beaucoup de temps dans les salles de spectacles et les festivals, et **fait sa propre sélection.** Il tient compte de la qualité artistique du spectacle et **évalue ses contraintes techniques :** taille du décor, nombre de personnes sur scène, etc. Il s'assure enfin que le spectacle attirera un grand nombre de spectateurs, par exemple en s'informant sur le plan de promotion (publicité) prévu.

Le programmateur **négocie les contrats** avec les artistes. Il participe aussi à la **préparation technique** du spectacle en restant en contact étroit avec ses collaborateurs.

SIGNES PARTICULIERS

- **Il n'existe pas de formation pour devenir programmateur de salle. Il faut surtout avoir une passion pour le domaine concerné : musique, théâtre, danse, etc.**

L'INTERVIEW d'Anne-Lise

Quel est votre parcours ?
Comédienne et chanteuse, j'ai fait beaucoup de scène et participé plusieurs fois à l'organisation d'un festival de chanson française. Un jour, un ami m'a proposé de devenir la programmatrice de sa salle.

Quelle est la taille de cette salle ?
C'est une petite salle de 250 places assises.

Combien voyez-vous de spectacles par semaine, en dehors de ceux que vous programmez ?
Entre trois et cinq. Beaucoup d'artistes m'invitent, mais je vois aussi d'autres spectacles, par plaisir ou par curiosité.

Faire connaître des artistes

Agent d'artiste

L'agent du chanteur l'aide à gérer sa carrière. Il organise ses concerts, cherche des producteurs pour ses futurs albums et planifie ses interviews avec la presse.

L'agent artistique connaît bien le milieu musical et il possède **un bon réseau** de relations. Il adresse les nouveaux morceaux que le chanteur a composés aux maisons de disques susceptibles de s'y intéresser. Il sait comment s'y prendre pour **« lancer » un débutant** ou **développer la carrière** d'un artiste reconnu. Parfois, l'agent est comme une nounou pour le chanteur : il réserve sa table de restaurant, ses billets d'avion, négocie pour lui ses contrats, et gère même parfois son argent. On parle alors de **« manager d'artiste ».**

Généralement, les agents artistiques se spécialisent : ils conseillent uniquement des acteurs, des photographes, des illustrateurs, etc.

MOTS DU MÉTIERS

- **Booking : réservation des salles de concert à des dates précises, pour que l'artiste puisse y jouer.**
- **Catering : nourriture préparée dans les loges pour les artistes.**

1 Boulanger-pâtissier
Il fabrique le pain, les viennoiseries et les pâtisseries, les fait cuire dans son fournil, puis les vend à ses clients.

2 Fleuriste
Dans sa boutique, il vend toutes sortes de plantes, et réalise des bouquets pour les petites et les grandes occasions.

3 Dentiste
Il soigne les dents, les gencives, les mâchoires, et effectue de petites opérations chirurgicales.

La ville

❹ Déménageur
Il enlève les meubles d'un logement ou d'une entreprise et les transporte dans son camion jusqu'à la nouvelle adresse.

❺ Caissière
Elle comptabilise les articles choisis par le client à l'aide d'une caisse enregistreuse et encaisse le règlement.

❻ Transporteur de fonds
À bord d'un camion blindé, il transporte les grosses sommes d'argent amassées par les banques ou les grands magasins.

Préparer et vendre la viande

Boucher

À la fois artisan et commerçant, il prépare et vend de la viande par petites quantités.

Bon connaisseur de l'anatomie animale, le boucher achète des carcasses entières d'animaux (bœuf, porc, agneau, etc.) à ses fournisseurs. Dans **son laboratoire** situé à l'arrière de son magasin, il les transforme ensuite en biftecks, escalopes, rôtis et gigots... Il vide et prépare également les volailles. Souvent, le boucher est aussi **charcutier,** ou **traiteur :** il prépare différentes viandes pour confectionner saucisses, terrines, pâtés et plats cuisinés. Comme le boucher manipule de la viande crue, donc fragile, il suit des **règles d'hygiène** et **de conservation** très strictes.

Le boucher peut-être **propriétaire de sa boucherie.** Comme n'importe quel commerçant chef d'entreprise, il s'arrange pour donner envie à ses clients de revenir en leur proposant une marchandise de qualité à des prix attractifs, et en les servant avec courtoisie.

SIGNES PARTICULIERS

• La formation de boucher est accessible après la classe de 3e. Une fois diplômé, un jeune boucher trouve facilement du travail.

ÉQUIPEMENT

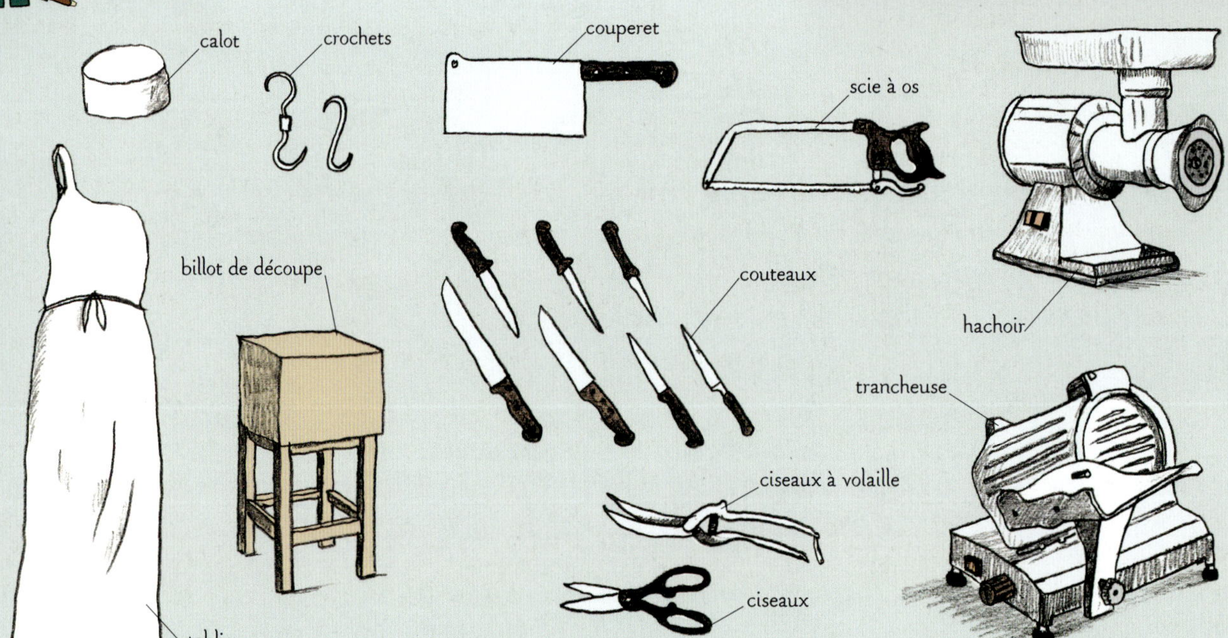

Couper les cheveux et coiffer

Coiffeur

Il réalise des coiffures selon les désirs de ses clients, dans un salon ou à domicile.

Le coiffeur n'est pas un simple exécutant : **il guide son client** vers la coiffure qui lui convient, en fonction de la forme de son visage, de la nature de ses cheveux et de la façon dont il est habillé. Le coiffeur utilise **différentes techniques** pour parvenir au résultat souhaité : coloration, brushing, défrisage, permanente, etc. Il sait se montrer à la hauteur des grandes occasions, par exemple lorsqu'il faut faire une **coiffure inoubliable** à une mariée !

Certains coiffeurs sont **propriétaires** de leur salon de coiffure. D'autres sont **salariés** d'un salon indépendant ou d'une grande marque possédant des salons partout en France.

SIGNES PARTICULIERS

• Il est possible de travailler dans un salon de coiffure dès 16 ans, après un CAP.

PAS COMME LES AUTRES

Coiffeur maquilleur dans le spectacle

Certains coiffeurs **se spécialisent** dans **le cinéma** ou **le théâtre.** Souvent, ils sont aussi maquilleurs. Ils conçoivent les coiffures et les maquillages des artistes en fonction de leur rôle, de l'époque représentée et des souhaits du réalisateur ou du metteur en scène. Une coiffure et un maquillage réussis permettent à l'acteur de se mettre encore un peu mieux **dans la peau de son personnage.** Le maquilleur peut créer beaucoup d'effets spéciaux, comme le **vieillissement** ou la pose de **fausses cicatrices.**

Créer des objets en bois

Ébéniste

Cet artisan spécialiste du bois fabrique des meubles à l'unité ou en petite série.

L'ébéniste prend en charge toutes les étapes de **la fabrication du meuble,** du croquis sur papier aux finitions, en passant par le choix du bois, sa coupe et l'assemblage des différentes parties. Il emploie des **outils traditionnels** (scie, rabot, etc.), mais il utilise aussi de plus en plus des **technologies de pointe,** comme les logiciels de conception en trois dimensions, qui permettent de visualiser le futur meuble à partir d'un plan.

L'ébéniste réalise souvent des **modèles inédits,** dessinés sur mesure, qui apportent une touche originale à la décoration d'une pièce. Il sait aussi copier des meubles ou restaurer du mobilier ancien.

SIGNES PARTICULIERS

• L'ébéniste peut travailler à son compte, ou être salarié d'une petite entreprise de meubles. Dans les deux cas, c'est un métier où il y a peu d'offres de travail.

Veiller au confort des clients

Gouvernante

Responsable du bien-être de la clientèle de l'hôtel où elle travaille, elle s'assure que tout est en ordre dans les chambres.

Chef d'équipe, la gouvernante **organise le travail des femmes de chambre,** selon les arrivées et les départs des clients. Elle contrôle **la qualité du nettoyage** et signale à la direction de l'hôtel le moindre incident, comme une fuite d'eau ou une panne de téléviseur. La gouvernante gère aussi les **commandes de fournitures** pour les chambres : draps, savonnettes, boissons pour le minibar, etc.

On trouve des gouvernantes dans les **hôtels chics** ou **de grande taille.** Certains villages de vacances ou des maisons de retraite emploient aussi des gouvernantes.

SIGNES PARTICULIERS

- **Il faut suivre une formation en deux ans après le baccalauréat pour devenir gouvernante.**

Servir les clients

Serveur

Il apporte leur commande aux clients dans les cafés et les restaurants, slalomant entre les tables avec son plateau à la main. Il s'assure également que les lieux sont toujours **propres et en ordre.**

Le serveur travaille **en salle ou en terrasse.** Il peut aussi se tenir derrière le comptoir pour préparer les boissons et encaisser les paiements. Dans les restaurants, il renseigne les clients sur la composition des plats et transmet leurs demandes particulières en cuisine. Il doit être **accueillant** et servir **rapidement,** même s'il y a beaucoup de commandes.

Les horaires de travail varient d'un lieu à l'autre, mais c'est une profession où l'on travaille souvent **le soir et le week-end.**

MOTS DU MÉTIERS

- **Torpilleur** : grand plateau pour transporter beaucoup d'assiettes en même temps.
- **Chaud devant !** : exclamation du serveur quand il souhaite qu'on s'écarte sur son passage.

Inventer et préparer des plats

Cuisinier

Il conçoit les recettes et réalise les plats proposés à la clientèle des restaurants gastronomiques, des bistrots de quartier, des cafétérias ou des cantines scolaires.

Le chef cuisinier **élabore les menus** en fonction de la saison, du type de clientèle et du budget dont il dispose. Il sélectionne les produits, les fournisseurs, et contrôle la qualité des ingrédients livrés. En cuisine, **il orchestre le travail** de son équipe (ou « brigade ») et effectue les gestes les plus délicats.

Le cuisinier débute comme apprenti ou commis de cuisine. Il s'occupe du nettoyage des ustensiles, de l'épluchage, de la préparation des entrées froides, etc. Il est ensuite **chef de partie,** responsable d'un « morceau » du menu : les entrées, les viandes, les poissons, les sauces ou les desserts. **Si ses talents le permettent,** il peut ensuite devenir chef cuisinier.

SIGNES PARTICULIERS

• Les cuisiniers n'ont aucun mal à trouver un emploi. Mais pour exercer ce métier, il faut être capable de supporter un rythme de travail très intense.

LA JOURNÉE d'Agnès

Agnès, chef dans son restaurant

8 h Alice reçoit les marchandises. Elle aide ensuite ses cuisiniers à préparer le service du midi.

12 h Elle contrôle chaque plat prêt à être servi et modifie parfois la disposition des aliments dans les assiettes.

13 h Alice va saluer les clients qu'elle connaît dans la salle du restaurant et s'assure que tout le monde est satisfait.

16 h Elle cherche des idées de plats pour la carte de la saison prochaine et évalue le prix de chaque recette.

18 h Pendant le service du soir elle montre à l'un de ses commis comment réussir la sauce qu'il a ratée au service de midi.

Trier et livrer le courrier

Facteur

Il distribue les lettres et les colis au domicile des particuliers et des entreprises.

La journée de travail du facteur débute bien avant sa tournée : vers 6 heures, il se rend au bureau de poste pour **trier et classer** le courrier à distribuer en fonction des adresses. Selon la distance à parcourir, le facteur fait sa tournée **à pied, à deux-roues ou en voiture.** Il dépose le courrier dans les boîtes ou en main propre, notamment quand il s'agit d'un pli recommandé.

Le facteur **collecte** aussi le courrier déposé par les habitants dans les grosses boîtes aux lettres des rues. Intermédiaire entre la Poste et ses clients, **il rend parfois des petits services** en apportant le courrier : vente de timbres, commande de chéquier, etc.

MOTS DU MÉTIERS

- **Botte : grosse liasse de courrier à distribuer.**
- **Tricoter : distribuer le courrier dans l'ordre des numéros de la rue, en passant sans arrêt d'un trottoir à celui d'en face.**

L'INTERVIEW d'Antoine

Combien de temps dure votre tournée ?
Trois heures, de 9 h à 12 h. Souvent, c'est plus long car je discute en chemin, ou je suis retardé par des voitures mal garées.

Qu'est-ce qui vous plaît le plus ?
Le sourire des gens : en général, les gens aiment qu'on leur apporte leur courrier !

Ce n'est pas trop pénible de se lever si tôt pour le tri ?
Non, car en contrepartie, je suis libre tous les après-midi. J'en profite pour faire du sport.

Entretenir et embellir les jardins

Jardinier

Il aménage et entretient les jardins, les squares, les ronds-points, les terrains de sport ou les abords des routes. Il travaille pour une ville, un hôpital, un hôtel, ou pour une société spécialisée dans les espaces verts.

Le jardinier intervient tout au long du **cycle des végétaux. Il sème** des graines, met des plantes en terre et surveille régulièrement la pousse. Il taille les arbres, les arbustes et tond les pelouses. **Il ramasse** les feuilles mortes, **débroussaille** les bosquets et désherbe les parterres de fleurs. Grâce à sa connaissance des plantes, il peut gérer seul les jardins qu'il a à sa charge et apporter au bon moment aux végétaux les soins nécessaires (eau, engrais, taille, insecticide).

SIGNES PARTICULIERS

- **La formation pour devenir jardinier se prépare en deux ans après la classe de 3e.**

Le jardinier **travaille à l'extérieur,** en toutes saisons. Il utilise des petits outils de jardinage et de **grosses machines** délicates à manier, comme les tronçonneuses.

Sauver des vies, protéger l'environnement

Sapeur-pompier

Il intervient dans les situations d'urgence (incendie, inondation, accident de circulation ou accident domestique) pour porter secours aux personnes et protéger les maisons, les véhicules et la forêt.

Rattaché à un centre d'incendie et de secours (ou « caserne »), le pompier intervient en équipe, à bord d'un **véhicule spécialement équipé :** camion d'incendie, véhicule médicalisé ou 4x4 tout-terrain. Parmi les équipes de secours d'urgence, il est souvent **le premier à arriver** sur le lieu de l'accident : il effectue alors les premiers soins aux victimes et sécurise la zone. Le pompier **agit aussi de façon préventive,** lorsqu'un danger menace : il évacue les gens quand une mystérieuse odeur de gaz se dégage d'une maison et détruit les essaims de guêpes installés trop près des habitations.

Certains pompiers sont **spécialisés** dans les secours en montagne ou en mer, les risques de pollution chimique ou la recherche de personnes ensevelies.

SIGNES PARTICULIERS

- **Il existe des pompiers volontaires (ils sont pompiers en plus de leur profession), des pompiers professionnels et des pompiers militaires.**

ÉQUIPEMENT

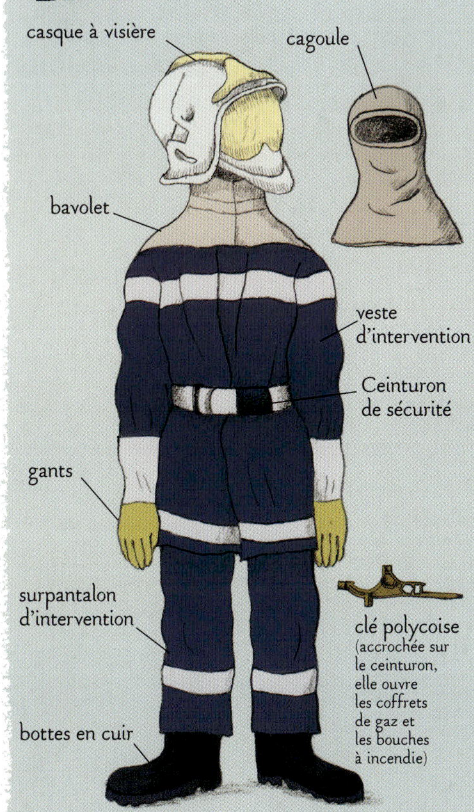

Contrôler les circuits d'eau potable

ÉQUIPEMENT

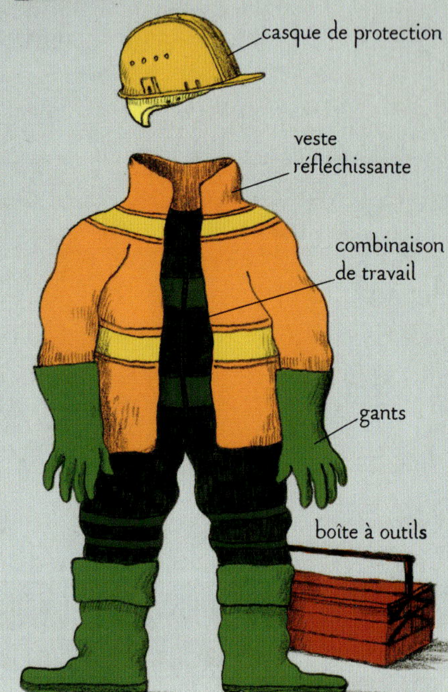

Technicien qualité des eaux

Il veille sur les réseaux d'eau potable de son secteur, pour que les habitants aient à leur robinet une eau de qualité, à la bonne pression.

L'agent de réseau d'eau potable contrôle l'état et la propreté des canalisations. Pour surveiller qu'il n'y a pas de fuite et **lutter contre le gaspillage,** il vérifie les niveaux d'eau dans les réservoirs. Il repère les fuites grâce à un **détecteur acoustique,** qui localise le bruit de l'eau qui s'échappe. En cas de rupture d'une canalisation, l'agent doit intervenir le plus rapidement possible. C'est aussi lui qui réalise les travaux de branchement des constructions neuves.

L'agent de réseau d'eau potable effectue **des prélèvements** tout le long du parcours de l'eau, dans les canalisations jusqu'aux habitations des consommateurs, pour s'assurer de la qualité de l'eau.

MOTS DU MÉTIERS

- **Fontainier :** autre nom donné à l'agent de réseau d'eau potable.
- **Chlorer :** mettre du chlore dans l'eau pour la désinfecter.

ET DEMAIN ?

Le réchauffement de la planète entraîne une baisse des ressources naturelles en eau. Les pays industrialisés, qui consomment énormément d'eau, cherchent comment **mieux utiliser l'eau** disponible : diminution du gaspillage, récupération des eaux de pluie, recyclage des eaux usées, **recherche de nouveaux traitements** pour rendre l'eau potable… les spécialistes de l'eau et de l'environnement sont mis à contribution pour étudier toutes les possibilités.

Préparer le recyclage des déchets

Agent de tri

Il trie les déchets recyclables en fonction de leurs composants : papier, carton, matière plastique, verre, etc.

L'agent de tri travaille le plus souvent dans **un centre de tri** spécialisé dans les déchets ménagers ou industriels. Il intervient après un premier tri effectué par des machines pour rectifier les erreurs et **affiner la séparation des matériaux :** il retire les bouchons de liège des bouteilles en verre, enlève les agrafes des feuilles de papier, etc. L'agent de tri envoie ensuite chaque déchet vers la filière qui convient : **recyclage** (verre, papier), **incinération** (déchets médicaux ou toxiques) ou **compostage** (épluchures, herbe).

Il travaille debout. Les déchets arrivent jusqu'à lui sur un tapis roulant. Il porte **des gants** et **un masque,** car les déchets sont malodorants et peuvent être dangereux pour sa santé.

SIGNES PARTICULIERS

- **Ce métier ne nécessite pas de diplôme spécifique.**

ET DEMAIN ?

Recycler les déchets, c'est bien. Mais **diminuer la quantité de déchets** produits, c'est mieux ! Certaines marques de produits ont fait des recherches pour alléger nos poubelles : **suppression des suremballages,** fabrication de **bouteilles de lessive réutilisables,** utilisation d'emballages qui se désagrègent au fil du temps (ou **« biodégradables »**). Des solutions encore plus efficaces naîtront sans doute des réflexions des chercheurs dans les prochaines années !

Travailler dans une mairie

Employé de mairie

En mairie, il renseigne, accueille et aide les gens à accomplir des démarches administratives.

Les tâches de l'employé de mairie sont très variées. Il enregistre **les naissances, les décès** et délivre **des documents d'état civil :** extrait d'acte de naissance, certificat de mariage... Il remplit les demandes de logement social pour ceux qui ont besoin d'une habitation à loyer modéré. Il réceptionne les demandes de **permis de construire** de personnes ou d'entreprises, et les transmet ensuite au maire ou au responsable de l'urbanisme à la mairie.

Selon la taille de la ville pour laquelle il travaille, l'employé de mairie est **rattaché à un service spécifique,** ou est amené à accomplir la plupart de ces tâches selon les différentes demandes.

SIGNES PARTICULIERS

- **Les employés de mairie sont recrutés sur concours. Il n'est pas nécessaire d'avoir un diplôme pour se présenter au concours.**

DANS LA MÊME FAMILLE

Agent de service

Les mairies n'emploient pas uniquement du personnel administratif, mais aussi du **personnel technique.** Selon leurs compétences, les agents des services techniques s'occupent de **la voirie, des espaces verts,** de **la propreté** ou encore de **la maintenance** (réparation des réverbères, entretien des bâtiments municipaux, etc.).

Veiller à la sécurité des personnes

Gardien de la paix

Appelé aussi agent de police, ce fonctionnaire protège la population et veille au respect de l'ordre public.

À l'intérieur du secteur qui lui est attribué, le gardien de la paix **effectue des patrouilles** pour surveiller que tout est en ordre. Il intervient parfois **à la demande des personnes,** dans le cadre d'une querelle entre voisins par exemple. Il peut être amené à **réguler la circulation** sur les routes, à **assurer la sécurité** dans les manifestations et à participer à des opérations de surveillance de personnes (« filature ») ou d'arrestation de malfaiteurs.

Le gardien de la paix travaille souvent **en uniforme,** et il est armé. Ses interventions sont dangereuses : il se déplace toujours accompagné d'un ou de plusieurs collègues. Certains agents de police sont **spécialisés :** motards, sauveteurs en montagne, plongeurs, etc.

SIGNES PARTICULIERS

• Pour entrer à l'école de police, il faut avoir le baccalauréat et réussir un concours.

PAS COMME LES AUTRES

Policier du RAID

Le RAID est **une unité spéciale** de la police. Les hommes qui font partie de cette brigade sont entraînés pour un certain type de missions : **prise d'otages, capture** d'un forcené armé, arrestation de **malfaiteurs très dangereux…** Ils sont spécialisés dans l'assaut, **le tir de haute précision,** la plongée, le parachutisme et les interventions en milieu hostile. Les policiers du RAID sont recrutés **après trois ou cinq ans** dans la Police nationale. Ils suivent un entraînement physique et psychologique très poussé.

Conseiller les clients d'une banque

Conseiller clientèle

Dans une agence bancaire, il gère les comptes de plusieurs centaines de clients et leur vend les produits financiers de sa banque.

Le chargé de clientèle **reçoit sur rendez-vous** le client qui souhaite économiser de l'argent ou en emprunter. Après avoir étudié son dossier, il lui propose **des solutions adaptées** à sa situation. Parfois, le chargé de clientèle **contacte son client** pour lui signaler qu'il n'a plus d'argent sur son compte ou pour lui présenter un nouveau **produit bancaire :** livret d'épargne, assurance, etc.

Le chargé de clientèle suit **les comptes** de ses clients sur son ordinateur. Il accomplit aussi des tâches administratives, comme **préparer des dossiers** de prêt d'argent. Il fidélise ses clients en étant disponible et attentif à leurs besoins.

MOTS DU MÉTIERS

- **Portefeuille :** ensemble de clients sous la responsabilité du chargé de clientèle.
- **Talon :** souche de papier qui reste attachée au carnet de chèques lorsqu'on détache un chèque.

L'INTERVIEW de Fabien

Quel est votre parcours ?
J'ai débuté au guichet. J'accueillais les clients et effectuais des retraits d'argent, des ouvertures de compte, etc. Au bout de quatre ans, j'ai été nommé chargé de clientèle.

Où travaillez-vous ?
Dans un bureau de l'agence bancaire qui m'emploie.

Qu'est-ce qui vous plaît le plus ?
La vente de produits financiers. Chaque année, mon directeur fixe mes objectifs de vente : à moi de trouver le produit le mieux adapté à chacun de mes clients.

Acheminer des marchandises

Chauffeur-livreur

Au volant de sa camionnette, il transporte et livre des marchandises aux entreprises et aux particuliers.

Qu'il livre des meubles, des produits alimentaires ou du carburant, le chauffeur-livreur construit sa tournée en fonction des adresses et des **horaires de livraison.** Il travaille surtout en ville, sur des distances courtes. Il est souvent confronté à l'énervement des automobilistes, qu'il gêne quand il s'arrête pour livrer. Fréquemment, le chauffeur **charge et décharge lui-même** les biens qu'il transporte.

Les coursiers à deux-roues ou en fourgonnette sont des chauffeurs-livreurs spécialisés dans la **livraison rapide de petits objets.**

SIGNES PARTICULIERS

- Cette profession n'exige aucun diplôme, à l'exception du permis de conduire. C'est un métier où l'on trouve encore aujourd'hui plus d'hommes que de femmes.

DANS LA MÊME FAMILLE

Chauffeur routier international

À bord de son **poids-lourd,** il se déplace à travers l'Europe pour livrer de la marchandise. Une fois arrivé à destination, il contrôle le déchargement de la marchandise et transmet les documents de transport au destinataire. Il dort souvent dans sa cabine équipée d'une couchette et il lui arrive de rester **absent de chez lui plusieurs jours d'affilée.**

❶ Garde-chasse
Il protège les animaux sauvages, surveille le développement des espèces et s'assure que le public respecte les périodes de chasse.

❷ Agent de rivière
Il surveille la qualité et la propreté d'un cours d'eau, et effectue les travaux d'entretien nécessaires.

❸ Expert forestier
Il aide les propriétaires de forêts à estimer la valeur de leur domaine et à exploiter le bois tout en préservant l'équilibre de la nature.

La campagne

4 Zoologiste
Il mène des recherches en laboratoire et dans la nature pour mieux connaître les animaux et comprendre leur mode de vie.

5 Météorologiste
Il étudie les phénomènes atmosphériques (températures, pressions, vents, etc.) pour prévoir le temps qu'il fera.

6 Animateur nature
Il fait découvrir des sites naturels à des touristes, tout en les sensibilisant à la protection de l'environnement.

Cultiver la terre, élever du bétail

Agriculteur

Il cultive à grande échelle des céréales, des légumes ou des arbres fruitiers. Il vend ensuite ses récoltes à des coopératives, à des entreprises ou sur les marchés.

Après avoir choisi les cultures les mieux adaptées à ses terres, au climat et aux besoins de la population, l'agriculteur **sélectionne ses semis** (graines) et ses plants (jeunes pousses). Il laboure, plante, désherbe, irrigue ses terres et **gère toute la production,** depuis la plantation jusqu'à la récolte. Il est ainsi amené à **piloter des engins** agricoles, en particulier des tracteurs.

Pour compléter leurs revenus, certains agriculteurs **élèvent aussi des vaches** laitières ou se spécialisent dans une espèce dont ils vendent la viande (volaille, mouton, etc.). D'autres exploitants agricoles se concentrent uniquement dans l'élevage.

SIGNES PARTICULIERS

- **Qu'il travaille dans les champs ou avec ses bêtes, l'agriculteur part rarement en week-end et en vacances.**

ET DEMAIN ?

En 2050, il y aura **3,5 milliards d'êtres humains en plus** sur Terre et il faudra **produire deux fois plus** de nourriture. On cherche donc des moyens d'**intensifier les cultures** agricoles, sans utiliser plus d'engrais chimiques qui polluent la nature. Parmi les solutions envisagées, il y a les **OGM** (organismes génétiquement modifiés). Mais leur culture est risquée : on connaît mal leurs effets sur l'environnement et sur la santé.

Comment ça marche ?

Du poulain au cheval de course

1 Chez l'éleveur

L'éleveur contacte le propriétaire d'un étalon ancien champion de course de galop. Ce dernier pourrait faire un bon croisement avec sa jument.

4 Dans le manège

À 18 mois, le dresseur-débourreur habitue Fantômas au port de la selle et du cavalier. Il lui apprend par la suite à bien obéir aux ordres du jockey.

7 À l'hippodrome

Dans les tribunes, parmi le public, de nombreux éleveurs et propriétaires de chevaux observent la course de Fantômas.

2 Chez la vétérinaire

Le vétérinaire réalise une insémination artificielle de la jument avec la semence (le liquide qui contient les spermatozoïdes) de l'étalon.

3 Dans les écuries

Onze mois plus tard, avec l'aide du vétérinaire, la jument donne naissance à Fantômas. Le palefrenier-soigneur s'occupe ensuite du poulain.

5 Sur la piste d'entraînement

Fantômas a 2 ans et prépare sa première course. Tous les matins, à l'aube, le lad, ou cavalier d'entraînement, le monte sur la piste d'entraînement. L'entraîneur chronomètre son tour de piste.

6 Avec le maréchal-ferrant

Quelques jours avant la course, le maréchal-ferrant appose des fers spéciaux à Fantômas. Il ajuste le fer à la forme exacte du sabot du cheval.

8 Près de la piste de course

Fantômas a gagné la course : l'éleveur et le propriétaire viennent féliciter le jockey et encourager le cheval.

9 Chez le kinésithérapeute équin

De retour à l'élevage, Fantômas se fait masser par le kinésithérapeute équin : cela l'aidera à vite récupérer de sa première course officielle.

Faire naître et grandir des poulains

Éleveur de chevaux

Il fait naître et grandir des poulains dans le but de les vendre. Il cherche aussi à améliorer la qualité des différentes races existantes.

Pour la reproduction, l'éleveur **sélectionne une jument et un étalon** en fonction de leurs qualités. Pour obtenir un poulain doué en course, l'éleveur choisira ainsi un mâle et une femelle champions de vitesse. Le poulain né, l'éleveur le soigne pour qu'il se développe le mieux possible, physiquement et psychologiquement. L'éleveur garde parfois l'animal trois ou quatre ans avant de le vendre à son nouveau propriétaire.

Les revenus des éleveurs sont irréguliers. Ansi, la plupart d'entre eux ont une **activité complémentaire** : élevage de vaches ou de moutons, dressage équestre, etc.

MOTS DU MÉTIERS

- **Poulinière** : jument qui donne naissance à un poulain chaque année.
- **Robe** : couleur du pelage du cheval.

LA JOURNÉE de François

François, éleveur de chevaux en Normandie

7 h François donne leur ration de céréales du matin à ses 25 chevaux.

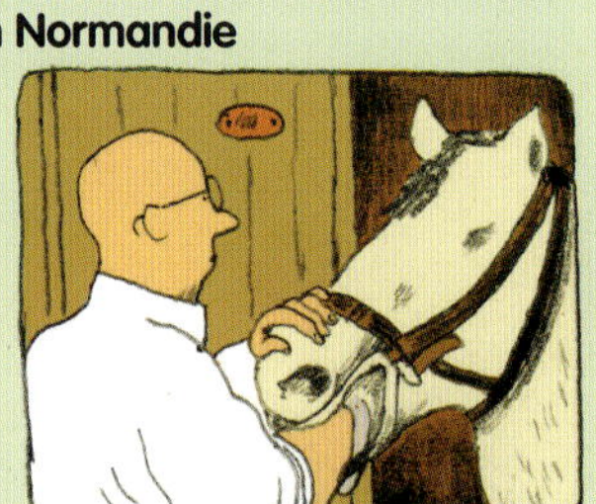

9 h Le vétérinaire ausculte un poulain qui a trop maigri : il a un abcès dans la bouche.

10 h François mène les chevaux au pré, puis réceptionne une livraison de fourrage.

12 h Un poulain est né il y a quatre heures : François s'assure que tout va bien pour lui.

14 h Un entraîneur hippique vient acheter un cheval. Après une longue discussion, le marché est conclu.

15 h François nettoie les écuries et dispose du fourrage frais dans chaque box avec l'aide des palefreniers.

19 h Les chevaux rentrent du pré. François se consacre au pansage (la toilette) et soigne les petites blessures.

22 h Après le dîner, il fait ses comptes. Son élevage, c'est une vraie petite entreprise !

Soigner les animaux

Vétérinaire

Il soigne les maladies et les blessures des animaux, en ville ou à la campagne.

En ville, le vétérinaire s'occupe des **petits animaux de compagnie :** chats, chiens, rongeurs, reptiles, etc. Il partage son temps entre consultations et opérations chirurgicales. Comme le médecin, il s'appuie sur des **techniques pointues** (échographies, examens sanguins) pour faire ses diagnostics et soigner ses patients.

À la campagne, le vétérinaire s'occupe surtout d'**animaux d'élevage :** vaches, chevaux, poulets. Pour prévenir les épidémies, il visite les exploitations et vérifie les conditions d'hygiène des élevages. Il peut être appelé **jour et nuit,** notamment quand une naissance ne se passe pas comme prévu.

SIGNES PARTICULIERS

- **Pour devenir vétérinaire, il faut faire au moins six ans d'études après le baccalauréat.**

PAS COMME LES AUTRES

Vétérinaire de zoo

Il veille à ce que les animaux du zoo aient de **bonnes conditions de vie** et **conseille les soigneurs** du parc animalier.
Au cours d'une même journée, le vétérinaire de zoo s'occupe d'**animaux très différents :** loups, singes, reptiles, oiseaux, poissons, etc. Il n'oublie jamais qu'il a affaire à des animaux sauvages, aux réactions parfois imprévisibles.

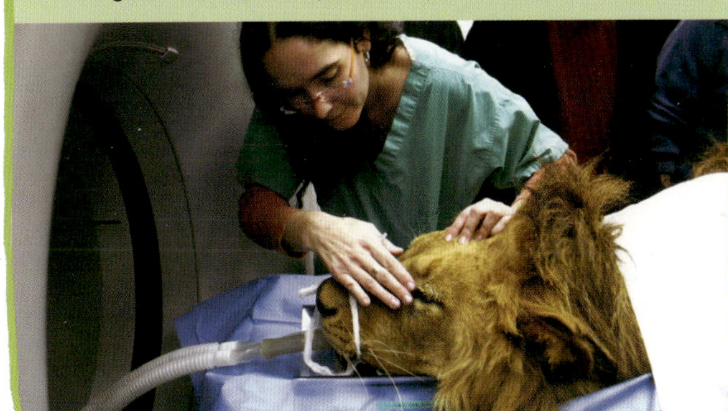

Organiser des promenades à cheval

Accompagnateur de tourisme équestre

Bon cavalier et amoureux de la nature, il promène des groupes de personnes à cheval ou en poney.

L'accompagnateur de tourisme équestre **fixe l'itinéraire** en fonction du niveau de ses cavaliers. Avant de partir, **il choisit et prépare les chevaux.** Si la randonnée dure plusieurs jours, il prévoit les repas et l'hébergement. Pendant la balade, il aide les cavaliers à surmonter les difficultés techniques et leur fait découvrir la **nature de la région.**

Il peut être salarié d'un centre équestre ou travailler à son compte. Mais son diplôme ne lui donne pas le droit de donner des cours d'équitation.

SIGNES PARTICULIERS

- **La formation ne dure que quelques mois. Pour la suivre, il faut avoir un bon niveau d'équitation (5e galop fédéral).**

DANS LA MÊME FAMILLE

Guide de haute montagne

Ce **sportif expérimenté** aide les alpinistes amateurs à faire l'ascension de sommets élevés. Il choisit **l'itinéraire,** réunit **le matériel** nécessaire et détermine **la quantité de vivres** à emporter. Pendant l'ascension, il s'assure que **les conditions de sécurité** sont toujours respectées : météo favorable, absence de risque d'avalanche, utilisation correcte du matériel, etc.

Agir pour l'environnement

Conseiller
en environnement

Il aide les communes, les artisans, les entreprises et les agriculteurs à préserver l'environnement. Recyclage des déchets, pollution des sols, bruit… il agit dans de nombreux domaines.

Le conseiller en environnement va à la rencontre des gens pour **expliquer les lois** votées par le gouvernement sur l'environnement et vérifier si chacun les respecte. Il propose des **solutions concrètes** pour améliorer les choses, comme installer des panneaux solaires pour réduire la consommation d'énergie dans un élevage de poulets.

Le conseiller en environnement doit parfois **convaincre les professionnels** d'effectuer certains aménagements, en leur montrant les effets positifs des changements qu'il propose sur l'environnement. En retour, **il les aide** à trouver de l'argent pour **financer ces projets.**

SIGNES PARTICULIERS

- **La sauvegarde de l'environnement devient une priorité. C'est pourquoi ce métier est de plus en plus nécessaire.**

DANS LA MÊME FAMILLE

Ingénieur environnement

Il aide son entreprise à **respecter la réglementation** sur les pollutions. Il propose des solutions pour **mieux gérer les déchets, réduire les rejets de fumées** toxiques ou **atténuer le bruit** des machines. Il informe ses collègues sur les manières possibles de faire leur travail en respectant l'environnement et tente de **prévenir les catastrophes écologiques** (explosion d'usine, fuite de déchets toxiques, etc.)

Mener des recherches sur les plantes

Chercheur
agronome

Il mène des recherches sur les plantes pour améliorer les variétés, les rendre plus résistantes ou obtenir des récoltes plus volumineuses.

Le chercheur agronome passe une partie de son temps **dans son laboratoire,** où il fait des expériences pour mieux comprendre le comportement des plantes. Régulièrement, il va aussi dans la nature et teste ses observations dans des conditions réelles. Le chercheur agronome est souvent spécialisé dans une famille de plantes ou dans une région du monde.

Certains chercheurs agronomes travaillent dans **l'industrie agroalimentaire,** où ils participent à l'élaboration de nouveaux produits. D'autres cherchent à proposer une alimentation mieux adaptée aux animaux d'élevage.

SIGNES PARTICULIERS

- **Huit années d'études sont nécessaires pour devenir ingénieur agronome.**

L'INTERVIEW de Barbara

Sur quoi portent vos recherches ?
J'améliore la qualité des pommes de terre pour qu'elles soient plus robustes, plus faciles à cuisiner et plus savoureuses.

Où travaillez-vous ?
Le plus souvent en Bretagne. Mais il m'arrive aussi de partir à l'étranger rechercher de nouveaux plants, ou pour tester d'autres conditions de culture.

Quelles qualités faut-il pour faire ce métier ?
Il faut être curieux. Il faut aussi aimer remettre en question ce que l'on a appris auparavant et que l'on pensait pourtant indiscutable. Enfin, il est nécessaire de faire preuve de patience : après la plantation, il faut souvent plusieurs mois avant de pouvoir constater le moindre résultat.

Protéger et entretenir une forêt

Technicien forestier

Il veille à la protection de la forêt et met sur pieds les actions nécessaires à son entretien.

Responsable d'une parcelle de forêt, le technicien forestier organise avec son équipe **la coupe du bois, le débroussaillage** et **la plantation** de nouvelles variétés. Il détecte les arbres malades et participe à **l'inventaire des espèces,** le compte des différentes variétés de plantes et de petits animaux. Il se préoccupe de la mise en valeur de la forêt. Il imagine ainsi des parcours de découverte nature pour les enfants.

Quand il est **employé par l'État,** ce qui est souvent le cas, le technicien forestier travaille sous l'autorité d'un ingénieur. C'est alors ce dernier qui prend les grandes décisions. Le technicien forestier gère parfois de façon plus autonome **des forêts privées,** qui appartiennent à une personne en particulier.

SIGNES PARTICULIERS

- **Ce métier demande une bonne condition physique, car il faut passer beaucoup de temps à arpenter la forêt.**

DANS LA MÊME FAMILLE

Bûcheron élagueur

Cet **ouvrier qualifié** abat des arbres pour que leur bois puisse être utilisé ou pour entretenir la forêt. Il peut aussi êtrse amené à **grimper dans les arbres** pour tailler (ou « élaguer ») les branches et équilibrer leur feuillage. Il travaille dans des **positions acrobatiques,** parfois à grande hauteur, et manie des **outils très dangereux,** notamment des tronçonneuses.

Le tribunal

1 Procureur de la République
Chargé de défendre les intérêts de l'État et de la société, il reçoit les plaintes et propose des sanctions pour les personnes qui ne respectent pas la loi.

2 Huissier
Il informe les gens quand une action en justice est engagée contre eux, et exécute certaines décisions du tribunal, comme l'expulsion d'un logement.

3 Expert judiciaire
Il a des connaissances approfondies dans un domaine (mécanique automobile, médecine, etc.) : on lui demande parfois son avis de spécialiste pendant le procès.

4 Médiateur judiciaire
Il aide les personnes à trouver des solutions aux conflits qui les opposent, sans avoir recours à la justice.

5 Conseiller d'insertion et de probation
Il prépare la sortie de prison des détenus (recherche d'hébergement, etc.), puis les aide ensuite à se réinsérer dans la société.

Défendre une personne grâce à la loi

Avocat

Dans le cadre d'une affaire juridique, il représente et défend ses clients, qu'ils soient victimes ou suspects. Il peut aussi avoir un rôle de conseil, par exemple auprès des entreprises.

Après avoir étudié les faits qui se sont déroulés, l'avocat réfléchit avec son client aux **arguments** qu'il utilisera pour le défendre. Pendant le procès, il prend la parole (il « plaide ») : il présente les éléments favorables à la personne qu'il défend. Il s'appuie sur les textes de loi, qu'il connaît par cœur, pour faire respecter les droits de son client.

Les avocats se spécialisent souvent dans un domaine, comme **les affaires** (règlement de conflits entre entreprises, participation à la rédaction de contrats commerciaux...), ou **la famille** (divorces...).

SIGNES PARTICULIERS

- **Un jeune avocat débutant ne gagne pas beaucoup d'argent. À l'inverse, les avocats qui participent à des procès dont on parle beaucoup peuvent avoir des revenus élevés.**

IL EST CÉLÈBRE

Robert Badinter (né en 1928)

Dans les années 1970, en France, certains meurtriers étaient encore punis de leur acte par **la peine de mort.** Ce n'est plus le cas aujourd'hui, en partie grâce à Robert Badinter, qui a fait abolir la peine de mort en France en 1981, alors qu'il était ministre de la justice. En 1972, Robert Badinter était encore **avocat,** et avait été révolté par la condamnation à mort d'un homme qui avait été le complice d'un assassin, mais n'avait tué personne. Pour cette raison, il accepta en 1977 de prendre la défense de l'assassin d'un enfant, et obtint que l'accusé soit **condamné à la prison** pour toute sa vie au lieu d'être guillotiné.

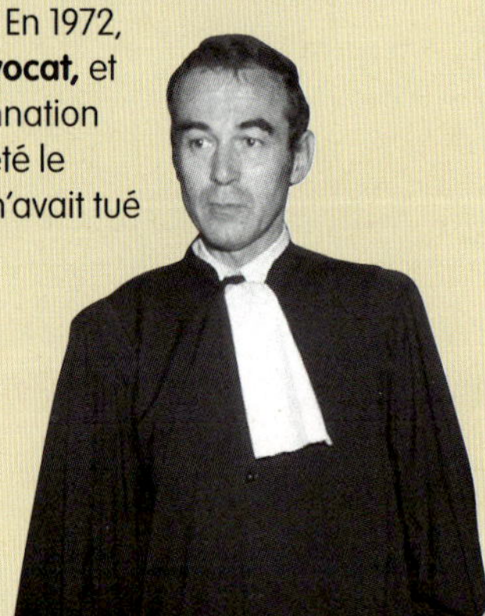

Suivre les procès en détail

Greffier

Il suit les dossiers traités par le tribunal et veille au bon déroulement de chaque action en justice (ou « procédure »).

Quand il travaille au greffe, le secrétariat des établissements de justice, le greffier **accueille et renseigne** le public (suspects, victimes, etc.) ou les professionnels (avocats, etc.). Pendant les audiences, **il prend des notes** et s'assure ensuite que ce qui a été dit ce jour-là est correctement rédigé. Les décisions de justice prises en sa présence et signées de sa main ne peuvent ensuite être contestées.

Le greffier **fait le lien** entre la justice et les citoyens. Il se rend disponible pour donner des informations sur les différentes façons de faire appel à la justice. **Il oriente** ainsi les citoyens vers des professionnels qui pourront les aider : avocat, médiateur, etc.

SIGNES PARTICULIERS

- **Près de neuf greffiers sur dix sont... des greffières !**

L'INTERVIEW de Karine

Quel est votre rôle ?

Les personnes que je reçois souhaitent obtenir des conseils juridiques, comme savoir si l'on peut faire un procès à un voisin trop bruyant.

Quel soutien apportez-vous ?

Pour ce cas précis, j'explique à mon visiteur les démarches à accomplir s'il souhaite régler ce conflit par la justice. Je peux aussi l'aider à rédiger une lettre à l'intention du voisin gênant.

Quelles qualités ce travail nécessite-t-il ?

Il faut être à l'écoute des gens. Et il ne faut pas avoir peur de parler « technique » : la justice et les lois, ce n'est pas de la poésie.

Faire respecter la loi

Gendarme

Ce militaire a le grade de sous-officier. Il participe à des missions de surveillance et de contrôle dans le but de protéger les personnes et de maintenir l'ordre.

Dans la **gendarmerie départementale,** le gendarme surveille les routes, contrôle les automobilistes et sécurise les lieux en cas d'accident. Il participe aux enquêtes de police judiciaire sur **les vols, les meurtres** et **les trafics** de drogue. Quant aux membres de **la gendarmerie mobile,** ils font surtout respecter l'ordre public lors d'événements comme un concert, une manifestation ou un match de foot, etc.

Certains gendarmes travaillent au sein d'**unités spécialisées** (interventions en mer, en montagne...) ou dans la prévention de la délinquance.

SIGNES PARTICULIERS

- **La Gendarmerie nationale recrute près de 10 000 nouveaux gendarmes chaque année. Il n'est pas nécessaire d'avoir le baccalauréat pour être sélectionné.**

PAS COMME LES AUTRES

Cavalier de la garde républicaine

Le régiment de cavalerie de la garde républicaine regroupe environ **550 gendarmes à cheval.** Ils surveillent certains **domaines forestiers** appartenant à l'État. Ils participent surtout à des **missions d'honneur** et d'escorte, comme lors du défilé du 14 juillet. Il leur arrive aussi de montrer leurs talents d'excellents cavaliers lors de **spectacles équestres**.

Soutenir des personnes en difficulté

Éducateur spécialisé

Il soutient les personnes qui ont du mal à trouver leur place dans la société : adolescents violents, personnes handicapées, sans logement, etc. Il les aide à régler leurs problèmes et les incite à être **indépendants.**

L'éducateur spécialisé voit souvent les personnes dont il s'occupe, parfois plusieurs fois par jour. Il essaie d'établir **une relation de confiance** avec chacun et de faire prendre conscience de leurs qualités à ses interlocuteurs.

L'éducateur spécialisé travaille au sein d'une équipe sociale ou médicale, en **milieu ouvert** (centre social, maison de quartier...) ou **fermé** (foyer de jeunes travailleurs, hôpital...).

SIGNES PARTICULIERS

- **De nombreuses offres d'emploi sont proposées aux éducateurs spécialisés.**

DANS LA MÊME FAMILLE

Éducateur de la Protection judiciaire de la jeunesse

Il s'occupe de **mineurs** et de **jeunes adultes** en difficulté, comme les délinquants et les adolescents fugueurs.
À la différence de l'éducateur spécialisé, il intervient **à la demande de la justice** et aide le jeune pour une **durée déterminée.** Il accompagne au tribunal le mineur qui va être jugé, et propose par exemple au juge le placement du jeune dans un foyer pour **éviter la prison.**

Mener des enquêtes judiciaires

Juge d'instruction

Il lance l'enquête après une affaire grave comme un crime ou le braquage d'une banque. Son travail sert de base pour juger les personnes impliquées dans l'affaire.

Le juge d'instruction reçoit **les suspects, les victimes et les témoins.** Il les écoute, essaie de comprendre comment les événements se sont déroulés et cherche des preuves de la culpabilité ou de l'innocence des principaux suspects. Il fait des reconstitutions, **fouille** (ou « perquisitionne ») des logements et organise si nécessaire des rencontres (ou « confrontations ») entre suspects et victimes.

À l'issue de l'enquête, s'il ne possède pas assez de preuves contre les suspects, le juge d'instruction prononce un **« non-lieu »** et l'affaire n'est pas jugée. Dans le cas contraire, les suspects sont convoqués par le tribunal pour être jugés.

MOTS DU MÉTIERS

- **Huis clos : audience à laquelle le public n'a pas le droit d'assister.**
- **La cour : le tribunal.**

DANS LA MÊME FAMILLE

Les différents juges

Le juge d'instance s'occupe des petits délits du quotidien (infractions au **code** de la route, conflits entre voisins, etc.). **Le juge aux affaires familiales** est le spécialiste de la famille : il gère les divorces, l'autorité parentale et les changements d'état civil. **Le juge des enfants** apporte son aide aux enfants en danger. Quant au **juge de l'application des peines,** il suit les personnes condamnées et encadre leur retour à la vie « ordinaire ».

COMMENT ÇA MARCHE ?

Jules Durand, 22 ans, a volé un scooter. Lors d'un contrôle de police, Jules ne peut présenter les papiers du deux-roues : il est emmené au poste de police.

1 Au poste de police

Les policiers interrogent longuement Jules, puis le laissent repartir avec une convocation au tribunal un mois plus tard.

2 Chez l'avocat

Jules a vu plusieurs fois son avocat. Ensemble, ils ont préparé l'audience et cherché ce qui pouvait excuser son acte.

3 Au tribunal

Jules remet sa convocation à l'huissier, qui coche son nom dans la liste des affaires du jour et note l'heure d'arrivée des visiteurs. Il les fait ensuite entrer dans la salle d'audience.

4 Dans la salle d'audience

5 Dans la chambre des délibérations

Le président et ses assesseurs passent en revue toutes les affaires traitées lors de l'audience. Pour les condamnations, ils peuvent suivre les recommandations du procureur, demander une peine plus importante, ou moins importante.

6 Deux heures plus tard

1 Maçon
Il construit les fondations et les murs des bâtiments à l'aide de briques, de parpaings, de béton, de mortier ou de plâtre.

2 Peintre
Il réalise les travaux de peinture à l'extérieur ou à l'intérieur d'un bâtiment, après avoir préparé les murs et les plafonds.

3 Plombier
Il met en place et répare les installations transportant ou contenant de l'eau : canalisations, robinets, lavabos, etc.

4 Couvreur zingueur
Spécialiste de la toiture, il installe les tuiles sur la charpente puis pose les gouttières destinées à évacuer l'eau de pluie.

5 Métreur
Il évalue le coût d'une construction en fonction des matériaux, de la main-d'œuvre et de la durée du chantier.

6 Électricien
Il installe les équipements électriques et réalise les branchements pour éclairer les différentes pièces du bâtiment.

Imaginer et transformer des villes

Urbaniste paysagiste

Il aménage ou rénove des quartiers en ville (places, rues piétonnes, cités) et crée un cadre de vie agréable pour les habitants.

Le travail de l'urbaniste commence par une longue **phase d'étude,** afin de cerner les besoins du quartier. L'urbaniste rencontre les habitants, les commerçants, les responsables politiques de la région, pour connaître leurs habitudes et leurs souhaits. Il s'entoure aussi de spécialistes, par exemple des paysagistes et des architectes, qui réfléchissent avec lui aux travaux. Si son projet est accepté, l'urbaniste **supervise** les travaux d'aménagement.

Un urbaniste peut être employé par **une ville** et ne travailler que pour cette dernière. Il fait parfois partie d'**une agence d'urbanisme** ou **d'architecture,** et peut alors aménager des espaces partout en France et à l'étranger.

SIGNES PARTICULIERS

- **Il faut faire au moins cinq années d'études à l'université pour devenir urbaniste. Les jeunes diplômés trouvent facilement du travail.**

ET DEMAIN ?

Développer les villes tout en protégeant **l'environnement :** c'est le défi que les urbanistes tenteront de relever dans les prochaines années. Ils devront imaginer des villes plus écologiques, avec **des transports** non polluants, **des éoliennes** et **des panneaux solaires** pour produire de l'électricité, du gazon sur les toits au lieu de la laine de verre chimique pour isoler du froid…
Dongtan, en Chine, la première ville écologique du monde, accueillera ses premiers habitants en 2010.

IL EST CÉLÈBRE

Le Corbusier (1887-1965)

Après la Première Guerre mondiale, beaucoup de gens vivaient dans des logements insalubres, sans eau ni chauffage. Un architecte, Le Corbusier, eut l'idée de concevoir des appartements confortables et **bon marché** en utilisant des méthodes de construction industrielles, moins coûteuses que les techniques habituelles. Pour faciliter la vie des habitants, il installa aussi **des commerces** et même **des écoles** à l'intérieur des immeubles. La **Cité radieuse** à Marseille, surnommée le « village vertical », est un bel exemple de son travail. Tout au long de sa carrière, cet homme a eu à cœur de proposer des constructions adaptées au mode de vie des gens.

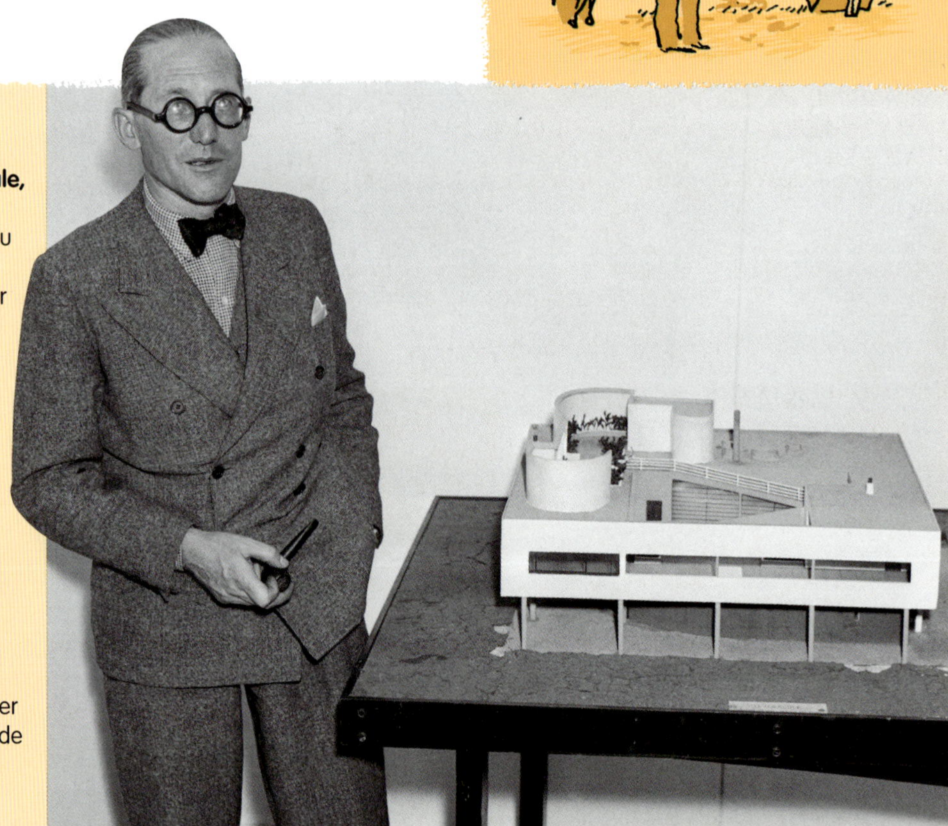

Louer et vendre des logements

Agent immobilier

Il vend ou loue des appartements et des maisons pour le compte de leurs propriétaires.

L'agent immobilier détermine d'abord **le prix** du logement en fonction de sa taille, de son confort et du quartier dans lequel il est situé. Il cherche ensuite **des clients** intéressés par cette habitation, par exemple en mettant une affiche sur la vitrine de son agence. **Il fait visiter** le logement en insistant sur ses qualités : calme, ensoleillement... Si un client est intéressé, l'agent immobilier prépare alors les documents pour **la vente ou la location.** Il consacre une autre partie de son temps à **rechercher** des logements libres.

Les grandes sociétés de construction de logements (ou **« promoteurs immobiliers »**) emploient aussi des spécialistes de l'immobilier pour vendre les logements **en cours de construction.**

Signes particuliers

- **En plus de son salaire, l'agent immobilier touche une commission, qui varie selon le prix auquel l'habitation a été vendue.**

Dans la même famille

L'administrateur de biens

Il gère des immeubles **en location** pour le compte de leurs propriétaires. Il surveille **l'état et l'entretien** du bâtiment. Chargé des relations avec les locataires, il rédige les contrats de location et s'assure que les loyers sont payés chaque mois. Beaucoup d'administrateurs de biens sont aussi **agents immobiliers.**

Concevoir les fondations des bâtiments

Ingénieur béton

Il conçoit les structures en béton (murs, poteaux, dalles, etc.) du futur bâtiment pour qu'elles soient solides et conformes au projet de l'architecte.

L'ingénieur béton passe beaucoup de temps sur son **ordinateur.** Grâce à des logiciels spécialisés, il fait **des calculs** pour prévoir, par exemple, si le mur dessiné par l'architecte résistera au poids du toit de la maison. Il détermine le type de béton qu'il faut utiliser. Il peut aussi mettre au point de **nouveaux mélanges** (ou « composites ») pour obtenir un béton plus isolant, plus souple ou plus étanche.

Pour chaque construction, l'ingénieur béton dispose d'**un budget** qu'il doit respecter.

Mots du métiers

- **Hélicoptère :** machine dotée de pales qui tournent, utilisée pour lisser les surfaces en béton.
- **Granulats :** petits morceaux de roche (sable, gravillons, etc.) entrant dans la composition de certains bétons.

Retrouver des traces du passé

Archéologue

Spécialiste des tombeaux romains, des châteaux du Moyen Âge ou de l'Afrique ancienne, il fouille le sol à la recherche d'objets du passé.

À l'aide de pelles, de pioches, de grattoirs et de couteaux, l'archéologue **fait apparaître** les vestiges enterrés, en prenant soin de ne pas les abîmer. Il prélève les objets (vaisselle, statuettes, outils, etc.) et prend des photos ou dessine ce qui ne peut pas être emporté. Les fouilles terminées, l'archéologue essaie d'**imaginer** le site tel qu'il était autrefois, grâce aux indices qu'il a trouvés. Puis il rédige **un rapport** qu'il publie dans des revues scientifiques ou grand public.

En France, chaque fois qu'une autoroute ou un bâtiment important va être construit, **un chantier de fouilles** est organisé pour rechercher des traces possibles du passé, avant que la nouvelle construction ne les recouvre.

SIGNES PARTICULIERS

- **Les offres d'emploi sont rares pour ce métier qui nécessite cinq années d'études après le baccalauréat.**

DANS LA MÊME FAMILLE

Le paléontologue

Ce **chercheur** est spécialisé dans l'étude des fossiles d'êtres vivants qui peuplaient la Terre autrefois, comme les dinosaures. De même que l'archéologue, le paléontologue fait de longues **recherches sur le terrain.** Puis il tente de faire « parler » les fragments d'os ou de fossiles qu'il a trouvés grâce à des **techniques de laboratoire** très pointues.

Mesurer précisément les terrains

Géomètre

Il mesure les terrains pour pouvoir dessiner leurs plans. Avant un chantier, il indique, à partir des plans dessinés par l'architecte, la position exacte du futur bâtiment sur le sol.

Les géomètres travaillent souvent en équipe de deux. Le premier regarde dans **le tachéomètre,** l'appareil électronique qui permet de mesurer les distances et les angles. Pendant ce temps, son collègue lui indique les positions à repérer sur le terrain. De plus en plus de géomètres utilisent **le GPS,** un système de mesure par satellite très précis. À partir des valeurs relevées, le géomètre réalise des cartes ou des plans **sur ordinateur.**

Le géomètre topographe a un **rôle juridique.** Ainsi, avant la mise en vente d'une habitation, il définit les limites officielles des terrains et mesure la superficie des logements à vendre.

MOTS DU MÉTIERS

- **Lever un point :** donner la position exacte d'un point sur un terrain.
- **Cadastre :** registre des plans de tous les terrains d'une commune.

Analyser les sols

Géologue

Scientifique de haut niveau, il étudie la composition du sol, sa structure, ses propriétés physiques et chimiques.

Souvent sur le terrain, le géologue **prélève** des échantillons de terre, de roche, de gaz, etc. Puis il les **analyse** dans son laboratoire pour comprendre de quoi ils sont faits, ou de quelle époque ils datent. Les résultats peuvent être exploités pour rechercher de nouveaux gisements de **pétrole,** mesurer **la pollution** sur un terrain, étudier des fossiles, et même prévoir **les tremblements de terre.**

Le géologue utilise souvent des instruments de **haute technologie,** comme les microscopes électroniques et les capteurs d'images satellites.

SIGNES PARTICULIERS

- **Au moins cinq années d'études après le baccalauréat sont nécessaires pour faire ce métier. Malheureusement, il y a peu d'offres d'emploi.**

IL EST CÉLÈBRE

Haroun Tazieff (1914-1998)

Ce grand géologue a consacré toute sa carrière à **l'étude des volcans** et à **la prévision des éruptions.** Pendant ses expéditions scientifiques, il n'a jamais hésité à explorer le cœur des cratères, **au péril de sa vie,** pour prélever des échantillons de lave intéressants. Avec son équipe, il a mis au point des instruments de mesure et d'analyse qui ont permis de **mieux comprendre** le comportement des volcans.

Manœuvrer la grue sur le chantier

Grutier

Aux commandes de sa grue, il déplace des matériaux lourds et les dépose à l'endroit où les ouvriers en ont besoin. Il peut aussi avoir à déposer des structures difficiles à manipuler sur le bâtiment en construction, comme la charpente du toit.

Le grutier supervise lui-même **le montage de sa grue,** puis l'équilibre à l'aide de contrepoids. Chaque matin, avant de commencer le travail, il vérifie le bon fonctionnement des freins, des alarmes, etc. Le grutier manipule sa grue en fonction de ce qu'il voit d'en haut et des indications du **chef de chantier** avec lequel il est en contact par liaison radio.

Les grues modernes sont équipées de **caméras vidéo** qui permettent au grutier de mieux voir ce qui se passe à terre, donc de faire des manipulations plus précises.

MOTS DU MÉTIERS

- **Flèche :** bras horizontal de la grue.
- **Anémomètre :** appareil de mesure du vent, obligatoire sur toutes les grues.

L'INTERVIEW de Pierre

Quel est votre parcours ?
Après avoir été ouvrier puis chef de chantier, j'ai suivi une formation de conducteur d'engins pour devenir grutier. Ce métier m'attirait depuis l'enfance.

Que ressentez-vous quand vous êtes dans votre cabine ?
Je me sens libre. Là-haut, à l'écart du bruit du chantier, je suis vraiment tranquille.

Qu'est-ce qui vous plaît le plus ?
Donner sa cadence au chantier ! Plus je vais vite, plus les gars progressent en bas, et plus la construction avance rapidement.

Fabriquer les structures en béton

Ouvrier coffreur

Il construit les moules (ou « coffrages ») dans lesquels on verse du béton liquide pour réaliser des murs, des dalles, des escaliers, etc.

En général, l'ouvrier coffreur travaille directement sur le chantier, **à partir des plans** de l'architecte. Pour construire un mur par exemple, il relève d'abord sur le plan la largeur, la hauteur et la forme du mur dessiné par l'architecte. Puis il imagine le coffrage qui permettra d'obtenir ce résultat. **Il fabrique** le moule avec du bois, ou en utilisant des plaques de fer si le mur est droit. L'ouvrier coffreur doit aussi **calculer la quantité de béton** nécessaire pour remplir le coffrage et le placer au bon endroit sur le chantier.

Avec l'expérience, l'ouvrier coffreur réalise **des structures de plus en plus compliquées.** Un escalier nécessite par exemple la fabrication de plusieurs dizaines de coffrages.

SIGNES PARTICULIERS

- **Le salaire d'un ouvrier coffreur est bas, malgré les nombreuses qualités nécessaires pour exercer cette profession.**

Imaginer des constructions

Architecte

Il conçoit des maisons, des immeubles, des aéroports ou des ponts, et supervise les travaux de construction.

L'architecte commence par **étudier** quel type de construction il peut faire en fonction du terrain, des matériaux, de la réglementation (la hauteur de la construction peut par exemple être limitée) et des désirs de son client. Une fois le projet accepté, il dessine les plans à l'aide de **logiciels de dessin en 3D.** Il prépare aussi **un dossier technique** détaillé, pour guider les ingénieurs chargés de la construction. Pendant les travaux, l'architecte se rend régulièrement sur le chantier afin de s'assurer que tout va bien.

L'architecte se charge de certaines **démarches administratives,** comme la demande de permis de construire. Souvent, c'est aussi lui qui **sélectionne les entreprises** qui participeront à la construction du bâtiment.

SIGNES PARTICULIERS

• Les études d'architecture durent cinq ans, voire six ans pour les architectes qui veulent s'installer à leur compte et signer de leur nom les bâtiments qu'ils conçoivent.

PAS COMME LES AUTRES

L'architecte d'intérieur

Il aménage et **décore l'intérieur des appartements,** des boutiques, ou des musées, en jouant sur les volumes, la lumière, les couleurs et les matériaux. Il peut aussi **créer des meubles** sur mesure. Il réalise des croquis sur ordinateur pour donner au client une idée du résultat final. Une fois le projet accepté par le client, il conçoit des plans précis, puis **trouve les entreprises** qui exécuteront les travaux. **Il dirige** ensuite le chantier.

IL EST CÉLÈBRE

Frank O. Gehry

(né en 1929)

Cet **Américain** est l'un des architectes les plus célèbres du 20e siècle. Il conçoit des bâtiments presque bancals, qui font penser à des sculptures géantes. Il utilise souvent l'acier et le verre, et joue avec les reflets. **Le musée Guggenheim de Bilbao** (Espagne) est l'une de ses œuvres les plus étonnantes. En France, Frank O. Gehry a réalisé un bâtiment aux formes plus sages : la nouvelle **Cinémathèque française,** à Paris.

Diriger le travail sur le chantier

Chef de chantier

Il dirige les travaux de construction et encadre les hommes qui travaillent sur le chantier. Il fait en sorte que le chantier soit terminé à la date prévue.

Avec les chefs d'équipe, le chef de chantier **répartit les tâches** et explique à chacun ce qu'il doit faire. **Il contrôle** le travail accompli et résout les problèmes techniques qui se présentent. **Responsable de la sécurité,** il rappelle à l'ordre l'ouvrier qui ne porte pas son casque ou qui prend des risques inutiles.

En général, le chef de chantier participe aussi à **la préparation** du chantier. C'est lui, par exemple, qui indique à l'ingénieur travaux combien il faudra embaucher d'ouvriers pour chaque phase du chantier.

SIGNES PARTICULIERS

- **Deux années d'études après le baccalauréat sont nécessaires pour devenir chef de chantier. C'est une profession où l'on trouve facilement du travail.**

L'INTERVIEW de Julien

Quels sont vos horaires de travail ?
Je commence vers 7 h 30 ou 8 h du matin, et je travaille huit heures. Quand il fait très froid, il m'arrive d'arrêter plus tôt.

Quels types de chantiers suivez-vous ?
Je construis des maisons individuelles. J'aime beaucoup ces petits chantiers où je peux m'occuper de tout de A à Z.

Rencontrez-vous les gens qui habiteront vos maisons ?
Bien sûr. Souvent, les propriétaires sont inquiets, ils ont peur qu'on prenne du retard ou qu'on travaille mal. C'est à moi de les rassurer.

Gérer les budgets et orchestrer les travaux

Ingénieur travaux

Il prépare le chantier, puis suit le déroulement des travaux. Il fait le lien entre l'architecte et le client qui a commandé le bâtiment.

L'ingénieur travaux travaille à partir du **dossier technique** et des plans fournis par l'architecte. **Il commande** les matériaux (sable, béton, eau, etc.) et loue le matériel de chantier (engins, branchements électriques, etc.). **Il programme** l'intervention des différentes entreprises qui participeront à la construction et encadre les personnes qui travaillent sur le chantier. Le respect des **délais** et la **qualité** du travail effectué sont ses préoccupations principales.

L'ingénieur travaux a son **bureau sur le chantier :** il passe beaucoup de temps parmi les ouvriers, pour s'assurer que tout se passe bien et pour les conseiller.

SIGNES PARTICULIERS

- **Cinq années d'études après le baccalauréat sont nécessaires pour être formé à ce métier, qui n'est pas réservé aux hommes.**

DANS LA MÊME FAMILLE

L'ingénieur voirie

Responsable du **réseau routier** d'une ville ou d'une région, **il contrôle** l'état des routes, des ponts, des tunnels routiers, etc. Il programme et dirige des travaux d'**entretien** et de **rénovation.** Il crée aussi de **nouveaux aménagements** (autoroutes, ronds-points, etc.), par exemple pour faciliter la circulation.

LA JOURNÉE d'Élodie

Élodie, ingénieure travaux à Tours (Indre-et-Loire)

8 h Élodie et le chef de chantier font le point sur l'avancée des travaux.

10 h Élodie calcule les dépenses du mois écoulé, puis évalue les dépenses à prévoir pour le mois suivant.

12 h Elle remarque un défaut sur des conduites d'aération. Elle demande au fournisseur de vite les remplacer.

13 h L'architecte souhaite modifier le dessin d'un escalier. Élodie cherche comment réaliser cette modification.

16 h Elle fait déplacer des engins afin qu'une charpente métallique qui vient d'être livrée soit déchargée au bon endroit.

19 h Élodie informe le propriétaire du futur bâtiment sur la bonne avancée des travaux.

Le groupe scolaire

1 Principal de collège
Il est responsable de l'organisation, de la gestion et de la sécurité du collège, ainsi que de la pédagogie des enseignants.

2 Conseiller principal d'éducation
Au collège et au lycée, il contrôle l'assiduité et la bonne conduite des élèves, tout en restant à leur écoute.

3 Psychomotricien
Grâce à des exercices de gymnastique et à des petits jeux de motricité, il aide ses patients mal à l'aise avec leur corps.

4 Infirmière scolaire
Dans les collèges et les lycées, elle soigne les petits bobos et informe les jeunes sur des grands thèmes de la santé.

5 Assistante maternelle
Elle garde des enfants à son domicile pendant la journée, tandis que leurs parents travaillent.

6 Animateur de centre de loisirs
Il encadre les enfants dans les centres de loisirs ou les colonies de vacances et organise des activités pour les distraire.

Transmettre son savoir à des élèves

Enseignant

Il fait la classe aux élèves de la maternelle jusqu'au lycée. En plus des heures d'enseignement, il accomplit un important travail de préparation.

Dans les écoles maternelles et primaires, le plus souvent, l'enseignant s'occupe d'une classe d'un seul niveau scolaire, de la petite section de maternelle au CM2. En maternelle, il organise **des activités éducatives** (sous forme de jeux, de chants et de dessins) pour faire progresser les enfants tout en les amusant. Il participe aussi à la vie quotidienne de l'école : il surveille la récréation, reçoit les parents, etc. **L'enseignant de primaire** enseigne entre cinq et neuf matières, cela dépend si son école fait appel à des professeurs spécialisés pour le sport, la musique, les arts plastiques ou les langues.

Au collège et au lycée, le professeur n'enseigne qu'une ou deux matières, comme une langue étrangère ou les mathématiques. En revanche, il s'occupe de plusieurs classes de niveaux scolaires différents tout au long de l'année.

SIGNES PARTICULIERS

- **Pour être professeur des écoles (maternelle et primaire) ou professeur de collège et de lycée, il faut faire au moins trois années d'études après le baccalauréat.**

PAS COMME LES AUTRES

L'enseignant spécialisé

Il s'occupe d'enfants ayant **des difficultés d'apprentissage** à cause d'un handicap, d'une maladie ou d'un problème psychologique.
Il enseigne les mêmes matières que les autres enseignants, mais il s'appuie sur des méthodes et **des équipements adaptés** à ses élèves. Avec une classe d'enfants malvoyants, il utilise des livres scolaires en braille. Sa classe ne compte **pas plus de douze élèves :** il peut ainsi consacrer plus de temps aux difficultés de chaque enfant.

Encadrer les élèves

Surveillant d'éducation

Dans l'établissement scolaire, il encadre les élèves quand ils ne sont pas en classe. Il veille au respect du règlement, des règles d'hygiène et des consignes de sécurité.

Dans les écoles maternelles et primaires, le surveillant d'éducation intervient surtout au moment de **la cantine** pour aider les enfants à manger et le soir après la classe, pendant le goûter ou l'étude surveillée. Souvent, il organise **des activités** (jeux, travaux manuels) pour occuper les enfants dans le calme en attendant la reprise de la classe ou l'arrivée des parents.

Dans les collèges et les lycées, le surveillant est présent toute la journée. Il contrôle les entrées et sorties et surveille **la salle de permanence** où travaillent les élèves qui n'ont pas classe. Il effectue aussi des **tâches administratives,** comme la rédaction d'autorisations d'entrer en classe pour les élèves retardataires. Attentif à chaque élève, il est aussi à l'écoute de leurs petits soucis d'adolescents.

MOTS DU MÉTIERS

- **Pion :** surnom donné aux surveillants dans les collèges et les lycées.
- **Colle :** punition consistant à venir au collège ou au lycée en dehors des heures de cours pour faire un devoir écrit.

Animer une bibliothèque

Bibliothécaire

Il fait vivre la bibliothèque de l'école, de la ville ou de l'hôpital. Il sélectionne les livres, les fait acheter, les répertorie et les range dans les rayons. Il accueille le public et propose des animations autour de la lecture.

Dans les écoles maternelles, le bibliothécaire esssaie de **donner envie de lire et d'écrire** aux enfants. Pour cela, il lit tout haut des histoires et organise **des activités** en relation avec les livres.

Dans les collèges et les lycées, la bibliothèque est un lieu où les élèves viennent chercher de **la documentation** pour faire leurs devoirs. Le bibliothécaire documentaliste leur apprend alors à **devenir autonomes** dans leurs recherches.

MOTS DU MÉTIERS

CDI : centre de documentation et d'information (dans les collèges et les lycées).

DANS LA MÊME FAMILLE

L'archiviste

Il conserve et met à la disposition du public des **documents du passé** plus ou moins précieux : **manuscrits** du Moyen Âge, films anciens, etc. Il fait des recherches pour trouver des documents qui viendront enrichir son fonds d'archives : sa formation **d'historien** lui permet d'évaluer l'intérêt des documents trouvés. L'archiviste travaille pour **une grande ville, une région** ou pour **l'État.** Il peut aussi être employé par une entreprise dont il conserve les documents historiques.

Aider les élèves à trouver leur voie

Conseiller d'orientation-psychologue

Il aide les élèves à choisir leurs études ou un métier, en fonction de leurs aptitudes et de leurs envies. Présent aux conseils de classe, il participe aux décisions d'orientation avec les enseignants.

Le conseiller d'orientation-psychologue partage son temps entre le **CIO** (centre d'information et d'orientation) auquel il est rattaché et plusieurs collèges et lycées. En classe de 5e, 3e ou au lycée, il organise dans les classes des séances d'**information sur les études** et les métiers.

Le conseiller d'orientation-psychologue aide les jeunes à **mieux se connaître.** Pour cela, il les reçoit en entretien et, s'ils le souhaitent, il leur fait passer des tests de personnalité ou de motivation.

SIGNES PARTICULIERS

- Trois années d'études après le baccalauréat sont nécessaires pour se présenter au concours d'entrée à la formation de ce métier.

L'INTERVIEW de Guillaume

Avez-vous de bonnes relations avec les élèves ?
Oui, très bonnes ! Je ne suis pas là pour les juger, mais pour les écouter. Je les aide à se projeter dans l'avenir : cela leur plaît beaucoup.

Que dites-vous à l'élève qui rêve d'être « star académicien » ?
J'essaie de l'orienter en douceur vers un métier qui existe vraiment. S'il souhaite absolument devenir chanteur, nous regardons ensemble quelles formations sérieuses mènent à ce métier.

Qu'est-ce qu'une orientation réussie ?
Chaque fois que je conseille un jeune, je lui donne la recommandation suivante : « quel que soit le métier choisi, ce qui compte, c'est d'être heureux de l'exercer. »

Soutenir les personnes en difficulté

Assistante sociale

Elle soutient les personnes rencontrant des difficultés dans leur vie quotidienne : problèmes d'argent ou de santé, mésentente entre parents et enfants, etc. **Elle oriente** ses interlocuteurs vers des spécialistes (psychologue, éducateur, etc.), ou peut leur indiquer **les démarches** à suivre pour obtenir une aide financière de l'État.

L'assistante sociale se déplace parfois **au domicile** des gens, pour mieux se rendre compte de leurs problèmes. Après avoir analysé la situation, elle propose à la personne **un programme d'action** pour changer les choses.

On trouve des assistantes sociales dans les écoles, les hôpitaux, les mairies, etc. Elles travaillent constamment **en équipe** avec des enseignants, des médecins, des psychologues ou des éducateurs.

SIGNES PARTICULIERS

- Il y a beaucoup d'offres d'emploi pour le métier d'assistante sociale.

Rééduquer les troubles de la communication

Orthophoniste

Il prend en charge des enfants ou des adultes pour les aider à surmonter leurs troubles de l'écriture, de la voix ou de l'apprentissage. Il intervient à l'âge où l'enfant se met à parler ou à écrire à la suite d'un accident ou d'une opération pour les adultes.

L'orthophoniste fait d'abord **un bilan** de son patient pour comprendre quelles sont ses difficultés. Il évalue ensuite le nombre de séances dont son interlocuteur aura besoin pour être **rééduqué.** Pendant chaque séance, l'orthophoniste organise différents exercices (lecture, jeux de mots, chansons, etc.) pour aider la personne à surmonter ses troubles.

La plupart des orthophonistes travaillent **en cabinet :** les patients s'y rendent chaque semaine pour y suivre leur séance. Certains orthophonistes interviennent aussi dans **les hôpitaux, les centres de rééducation** ou **les centres spécialisés** pour enfants sourds ou handicapés.

SIGNES PARTICULIERS

- **Le concours d'entrée aux études d'orthophoniste est très sélectif.**

ÉQUIPEMENT

L'INTERVIEW de Ludivine

Pourquoi avez-vous choisi ce métier ?
Je voulais faire un métier médical tourné vers les enfants... mais je n'avais pas envie de me lancer dans de longues études pour devenir pédiatre.

Qui sont vos patients ?
Ce sont surtout des enfants de maternelle et de primaire. Ils n'ont pas de maladie ou de handicap particulier, juste des difficultés à l'école pour communiquer, écrire, lire ou encore calculer.

Qu'est-ce qui vous plaît le plus ?
Voir les progrès de mes petits patients. J'aime aussi partager leur vie pendant de longues périodes : il arrive que je suive un enfant pendant trois ou quatre ans. Je le vois grandir et changer. C'est passionnant !

La maison d'édition

❶ Représentant
Il va présenter les livres de la maison d'édition aux libraires, afin que ces derniers les proposent à leurs clients.

❷ Illustrateur
Il crée des images pour accompagner un texte ou un message, dans le domaine de l'édition, de la presse ou de la publicité.

❸ Imprimeur
À partir de fichiers numériques, il reproduit des textes et des images sur papier, à l'aide de machines industrielles.

4 Attaché de presse
Il communique autour d'un produit ou d'un événement afin d'inciter les journalistes à en parler dans les médias.

5 Traducteur
Il traduit d'une langue vers une autre les textes des livres et autres documents écrits.

6 Libraire
Il vend des livres et conseille ses clients pour trouver des ouvrages correspondant à leurs envies.

Concevoir les textes des livres

Auteur

Il écrit les textes des livres (romans, albums pour enfants, BD, guides touristiques, documentaires, etc.) publiés par les maisons d'édition.

Certains auteurs à succès écrivent des romans qui sont vendus à des millions d'exemplaires partout dans le monde. Mais il existe aussi quantité d'**auteurs moins célèbres** qui écrivent en complément d'une autre activité professionnelle. Ainsi, beaucoup d'enseignants participent à l'écriture de manuels scolaires. Une fois le texte écrit, l'auteur doit trouver **l'éditeur qui le publiera.** Il peut aussi travailler **sur commande :** l'éditeur lui demande d'écrire un livre sur un sujet particulier, ou pour une collection précise.

Les auteurs sont payés en **droits d'auteur.** Cela signifie qu'ils reçoivent une somme calculée en fonction du nombre de livres vendus.

SIGNES PARTICULIERS

- **On peut apprendre l'histoire de la littérature et parfaire son écriture à la fac, dans les classes préparatoires littéraires et dans les écoles de journalisme.**

ELLE EST CÉLÈBRE

J.K. Rowling

J.K. Rowling est née en **1965** en Grande-Bretagne. Petite, elle aime déjà écrire et **inventer des histoires.** Elle étudie ensuite les lettres **à l'université.** Vers 30 ans, elle écrit son premier roman, *Harry Potter* et sait déjà qu'il lui faudra sept tomes pour le finir ! L'histoire du livre **s'inspire de sa propre vie :** ses voisins d'enfance s'appelaient Potter, le personnage de Ron ressemble à son meilleur ami et, comme Harry Potter, elle a perdu sa maman… Avec plus de **300 millions d'exemplaires** de *Harry Potter* vendus à travers le monde, J.K. Rowling est le premier auteur devenu milliardaire grâce à ses livres.

Harmoniser l'apparence des livres

Directeur artistique

Responsable de l'allure visuelle de la maison d'édition, il définit l'apparence des livres qui seront publiés et fait en sorte qu'ils attirent le regard.

Le directeur artistique détermine avec l'éditeur **la charte graphique** (format, qualité du papier, caractères utilisés, style des illustrations, etc.) de chaque livre ou collection. Pour cela, il tient compte du public visé, de la nature des textes publiés, du style et de l'image de la maison d'édition pour laquelle il travaille. À l'affût **des tendances,** il suit de très près ce qui se passe dans l'actualité culturelle et les autres médias : cinéma, jeux vidéo, publicité, expositions artistiques, mode, etc.

Chef d'équipe, le directeur artistique dirige le travail des maquettistes, des graphistes, des iconographes, etc. Il trouve aussi le temps de rencontrer **illustrateurs et photographes,** afin de faire travailler de nouveaux artistes sur de futurs projets.

SIGNES PARTICULIERS

- **Il est souvent nécessaire d'avoir une expérience de plusieurs années dans le domaine de la création visuelle avant de devenir directeur artistique.**

DANS LA MÊME FAMILLE

Le directeur de création

Dans l'agence de publicité, **il encadre le travail des créatifs** chargés d'imaginer les campagnes publicitaires. Il leur explique ce que souhaite le client et leur propose des **pistes de travail. Il sélectionne** les meilleurs projets parmi les propositions des créatifs et les **présente** ensuite au client. **Il motive** son équipe et pousse chacun à laisser libre cours à son imagination.

Mettre en place textes et images

Maquettiste

Il met en pages les textes et les images des livres, des magazines, des pochettes de disques, des affiches publicitaires, etc.

Le maquettiste travaille essentiellement **sur ordinateur,** avec des logiciels de mise en pages et de traitement de l'image. À l'écran, **il construit sa page :** il positionne les titres et les textes, change la taille des caractères, recadre les images et joue sur les couleurs, jusqu'à ce qu'il obtienne le résultat voulu. L'objectif est d'**organiser les informations** de façon lisible et agréable à l'œil.

Le maquettiste suit les indications du directeur artistique, mais il apporte aussi ses propres **idées créatives.** Il ne travaille pas seul dans son coin : il dialogue avec l'éditeur, les illustrateurs et l'iconographe.

MOTS DU MÉTIERS

- **BAG (bon à graver) :** date à laquelle les fichiers informatiques de l'ouvrage sont transmis à l'imprimeur.
- **Couper :** raccourcir un texte trop long pour entrer dans la maquette choisie.

DANS LA MÊME FAMILLE

Le roughman

Dans les agences de publicité, il fait des **esquisses** sur papier du projet d'affiche ou de film publicitaire. Il réalise ses croquis à partir des **indications des créatifs** (directeur artistique et concepteur rédacteur) qui ont imaginé la publicité. Ses dessins sont utilisés pour **convaincre le client** qui a commandé la campagne publicitaire. Ils servent ensuite de **guide** au photographe ou au réalisateur chargé de faire la publicité.

Faire des photos et les vendre

Photographe

Il prend des clichés qui seront publiés dans les livres, les magazines, sur les affiches publicitaires, ou présentés dans des expositions.

Le photographe prend des photos sur des thèmes de son choix, puis les propose à des **directeurs artistiques,** dans la presse ou l'édition. **Le photographe de presse** travaille souvent à la commande. On peut lui demander de faire le portrait d'un footballeur célèbre ou d'effectuer un reportage avec **un journaliste** sur un pays en guerre, en y partant plusieurs semaines. Certains photographes sont davantage des artistes : leurs images ont une valeur sur le marché de l'art.

Les photographes travaillent de plus en plus avec des **appareils numériques.** Grâce à l'ordinateur, ils peuvent sélectionner les meilleures photos ou retoucher, c'est-à-dire corriger les petits défauts de leurs images.

SIGNES PARTICULIERS

- **Plusieurs écoles forment les photographes. Mais on peut aussi apprendre ce métier à force de prendre des photos, seulement guidé par la passion.**

ÉQUIPEMENT

ELLE EST CÉLÈBRE

Diane Arbus (1923-1971)

Cette photographe **américaine** débute au côté d'Allan Arbus, son mari. Ils ont ensemble un magasin de photos de mode : elle s'occupe du stylisme des photos de son époux. Vers 35 ans, elle décide de prendre des cours dans une école de photographie new-yorkaise et se met à **photographier les inconnus** dans la rue. Elle travaille surtout en **noir et blanc** et s'intéresse avant tout aux **gens « hors normes » :** handicapés physiques, malades mentaux, individus de très grande taille, jumeaux… L'œuvre de cette photographe raconte la vie ordinaire de personnages bizarres, croisés au hasard d'étranges rencontres.

Choisir des textes, les faire connaître

Éditeur

Il pilote la conception des livres et orchestre le travail des différents intervenants dans la maison d'édition.

L'éditeur se préoccupe d'abord du **contenu** du livre. Proche de l'auteur, il s'assure de la qualité des textes et les retravaille éventuellement avec lui. Il fait des **choix techniques** pour le futur livre : nombre de pages, format, prix de vente, type d'illustrations. Une fois le texte écrit, mis en pages et les illustrations sélectionnées, l'éditeur valide les différentes étapes de fabrication du livre.

L'éditeur contrôle **le budget** de chacun de ses livres et **participe à la promotion** de ses ouvrages auprès de l'équipe commerciale de la maison d'édition. Il consacre aussi une grande partie de son temps à concevoir de nouvelles collections et à trouver de nouveaux auteurs talentueux.

DANS LA MÊME FAMILLE

Le chef de projet multimédia

Il supervise la réalisation de **jeux vidéo,** de **cédéroms,** de **DVD** et de **sites Internet.** Il participe à l'élaboration du contenu de ces produits : scénario, mise en scène, interac-tivité, etc. Puis **il encadre** le travail des graphistes, des informaticiens et des bruiteurs. Il veille au respect du **budget** et des **délais,** et fait le lien entre le client, l'équipe technique et l'éditeur.

Chercher des photos sur des thèmes

Iconographe

Il recherche des images (photographies, dessins, reproductions de tableaux, etc.) pour illustrer l'intérieur et les couvertures des livres et de toutes sortes d'autres publications.

L'iconographe commence par lister les images qu'il lui faudra chercher en fonction du **texte** et des **indications de l'éditeur.** Puis il consulte différentes sources (agences photographiques, sites Internet d'images, musées) susceptibles de lui fournir les visuels recherchés. L'iconographe doit ensuite **négocier** avec le fournisseur le prix de ses images et se les faire envoyer, en général sous forme de fichier numérique.

SIGNES PARTICULIERS

- **Pour faire ce métier, il est conseillé de faire une école d'art, de documentation, ou de suivre des études spécialisées dans l'édition.**

L'iconographe possède une bonne culture générale. Il est capable de trouver des images pour illustrer toutes sortes de sujets. Il est employé par **les maisons d'édition,** les agences de **publicité** ou de communication et dans **la presse.**

Corriger les fautes dans les textes

Correcteur

Il corrige le texte de l'auteur pour qu'il soit compréhensible, ne contienne pas de fausses informations et respecte les règles de la langue française.

Le correcteur lit toujours plusieurs fois le texte. La première lecture est la plus longue et la plus importante : elle permet de vérifier **l'orthographe** des noms propres et des noms communs, **la structure des phrases, la ponctuation,** etc. Le correcteur indique chaque erreur en rouge, par un signe dans la marge. Une fois ces erreurs repérées, il relit le texte pour être sûr qu'aucune erreur ne lui a échappé.

Le correcteur s'aide de **dictionnaires, d'encyclopédies et d'ouvrages spécialisés** sur le thème du livre qu'il corrige. Il suit les règles de présentation (ou « charte typographique ») fixées par la maison d'édition.

SIGNES PARTICULIERS

• La majorité des correcteurs dans l'édition exercent leur métier chez eux, et travaillent pour plusieurs clients en même temps.

Organiser la fabrication des livres

Chef de fabrication

Il supervise la fabrication du livre une fois le texte écrit, mis en pages et enregistré sur un fichier informatique. Il veille au respect des délais, des coûts et de la qualité de l'impression et de la livraison.

Le chef de fabrication évalue tout d'abord les **coûts de fabrication,** en fonction du projet présenté par l'éditeur. Il tente toujours de proposer des solutions plus économiques, plus rapides à réaliser ou plus jolies à regarder... Une fois le projet défini, **il sélectionne différents fournisseurs** et **négocie** avec eux l'achat du papier, l'impression, la reliure, etc.

Pendant la fabrication du livre, il s'assure que chacun des fournisseurs respecte les délais et les conditions financières du devis. **Il contrôle les étapes** tout au long de la fabrication du livre et est attentif à tout problème technique, comme des pages inversées, une reliure mal fixée ou des encres mal séchées sur les pages du livre.

MOTS DU MÉTIERS

• BAT (bon à tirer) : cette mention signifie que le texte est prêt à être envoyé en impression.

L'INTERVIEW de Jérôme

Quel est votre parcours ?
Après des études courtes en imprimerie, j'ai débuté comme assistant, puis j'ai eu de plus en plus de responsabilités.

Quelles sont les difficultés de ce métier ?
C'est de coordonner le travail de chacun pour être prêt à temps. Le moindre problème, c'est deux jours de perdus !

Quelles sont les qualités nécessaires pour l'exercer ?
Il faut savoir garder son calme même quand les délais sont tendus, et réussir à établir une relation de confiance avec ses collaborateurs et ses fournisseurs.

Comment ça marche ?

Du texte d'un auteur au livre imprimé

1 Le contrat

Clarisse a envoyé un projet de roman pour enfants à une éditrice. Ce manuscrit a plu à cette dernière : elle propose un contrat d'édition à Clarisse.

2 Le planning de fabrication

L'éditrice demande un devis au chef de fabrication. Ils choisissent l'imprimeur du livre et se mettent d'accord sur les délais de fabrication.

3 La correction du livre

Un correcteur corrige les fautes d'orthographe du texte de Clarisse. L'éditrice vérifie et complète ce travail, puis informe Clarisse des corrections.

4 La maquette du livre

Elle confie le texte à un maquettiste qui le met en pages.

5 Les illustrations

L'éditrice, Clarisse et le directeur artistique vérifient que les essais de l'illustrateur sont en harmonie avec le texte.

6 Le fichier informatique

Le maquettiste intègre les dernières corrections de l'éditrice et de l'auteur, puis transmet le fichier informatique au chef de fabrication.

7 La promotion du livre

Le représentant de la maison d'édition visite les libraires pour leur parler du livre et note le nombre d'exemplaires qu'ils commandent.

8 La livraison du livre

Les ouvrages sont livrés chez le libraire par le distributeur : les enfants peuvent maintenant découvrir le roman de Clarisse.

1 Sélectionneur
Il recrute des athlètes pour un club ou une équipe nationale et négocie leurs contrats.

2 Professeur d'EPS
Il enseigne le sport aux collégiens et aux lycéens.

3 Responsable sponsoring
Il passe des accords avec des clubs sportifs, pour que ceux-ci mettent en avant le nom de l'entreprise qu'il représente.

Le centre sportif

4 Designer
Il imagine puis dessine des objets utiles et beaux, qui seront ensuite fabriqués en grande quantité pour être vendus.

5 Directeur d'équipement sportif
Il gère le quotidien d'une installation sportive (golf, salle de gymnastique, etc.) et en dirige le personnel.

6 Vendeur d'articles de sport
Il conseille à chaque client des vêtements et accessoires de sport adaptés à ses besoins.

Être au très haut niveau dans un sport

Sportif professionnel

Membre d'un club ou d'une équipe, il pratique un sport de façon intensive, et tente d'obtenir les meilleurs résultats lors des compétitions.

Le sportif professionnel suit **une discipline de vie** stricte. Il s'entraîne plusieurs heures par jour et son alimentation est adaptée à ses efforts. Beaucoup d'athlètes ont un autre métier, avec des horaires aménagés pour pouvoir s'entraîner. D'autres vivent grâce aux aides des clubs et aux **contrats publicitaires.** Avant la fin de sa carrière sportive, le sportif professionnel pense à s'orienter vers un nouvel avenir comme l'enseignement du sport, l'entraînement, la gestion d'un club, etc.

SIGNES PARTICULIERS

- **Il n'est pas indispensable d'avoir des diplômes scolaires pour pratiquer un sport de haut niveau.**

ELLE EST CÉLÈBRE

Laure Manaudou

Laure Manaudou est née en **1986,** dans le sud de la France. Elle commence la natation à **5 ans,** et se révèle très douée. Remarquée par un entraîneur, elle quitte sa famille à **14 ans** pour rejoindre un club en région parisienne. L'année suivante, elle réalise ses premiers résultats importants : **deux médailles d'argent** en championnat d'Europe Junior. Laure Manaudou enchaîne ensuite les victoires et les titres. En 2004, c'est la consécration : elle décroche **trois médailles olympiques** aux Jeux d'Athènes. Aujourd'hui, la nageuse s'entraîne toujours intensivement pour battre des records… mais reconnaît que son plus grand rêve est de fonder une famille !

Préparer le sportif aux compétitions

Entraîneur

Il prépare les sportifs pour les amener à réaliser des performances. Il est employé par un club, une fédération ou une équipe nationale, et s'occupe de jeunes espoirs comme d'athlètes confirmés.

L'entraîneur élabore un **programme d'entraînement** physique en fonction du niveau, de la forme et du planning de compétitions du sportif. Il lui enseigne **les tactiques gagnantes,** l'aide à progresser en technique et lui donne confiance. Présent chaque jour au côté du sportif, il sait comment le préparer au mieux pour les grandes compétitions.

L'entraîneur connaît le fonctionnement du corps humain et possède de bonnes notions de psychologie. Il sait **motiver** son protégé et l'amener à trouver au plus profond de lui les ressources pour surmonter les moments de tension ou de découragement.

SIGNES PARTICULIERS

- **Cette profession ne nécessite pas de diplôme scolaire, mais un diplôme sportif, le BEES (Brevet d'État d'éducateur sportif).**

DANS LA MÊME FAMILLE

Le préparateur physique

Avec l'entraîneur, il fait travailler **la résistance et la puissance** du sportif de haut niveau. Il imagine des programmes d'entraînement **sur mesure,** en fonction des aptitudes et des faiblesses de ce dernier. Il propose des exercices précisément **adaptés au sport** pratiqué. De plus en plus, les préparateurs physiques (ou **« coach »**) sont recherchés dans les clubs et les salles de sport pour amateurs.

Gérer une équipe sportive

Manager sportif

Il met tout en œuvre pour que son club ou son équipe obtienne les meilleurs résultats sportifs.

Le manager sportif s'occupe avant tout des athlètes. Il supervise leur **recrutement.** En collaboration avec l'équipe (ou « staff ») technique, **il planifie les entraînements** et les périodes de repos en fonction des dates de compétition. Il intervient également dans le choix des équipements sportifs : en voile, il décide par exemple des aménagements à faire sur les bateaux pour les rendre plus compétitifs.

À la manière d'un **chef d'entreprise,** le manager sportif participe à la **gestion financière** du club ou de l'équipe. Il choisit les investissements à réaliser (achat de matériel, organisation de stages de préparation intensive, etc.) pour améliorer au maximum les performances de son équipe.

SIGNES PARTICULIERS

- **Les médias parlent surtout des managers de clubs de football, mais cette profession existe dans la plupart des disciplines sportives.**

L'INTERVIEW de Pierre

Quel est votre parcours ?
Joueur de basket de haut niveau et professeur d'éducation physique de formation, j'ai d'abord été entraîneur dans un club de basket. Je suis ensuite devenu manager d'une équipe professionnelle.

Qu'est-ce qui vous plaît le plus ?
J'aime être celui qui décide. Alors, quand les résultats sont bons, je me dis que j'ai fait les bons choix !

Quelles sont les difficultés de ce métier ?
Comme souvent dans le sport professionnel, ce métier laisse peu de place pour la vie privée. Soirées, week-ends, vacances... je suis en permanence sur le bord des terrains !

Développer un sport dans une région

Conseiller technique régional

Il encadre le développement d'un sport dans une région et apporte ses conseils aux fédérations ou aux villes.

Construction d'une nouvelle piste d'athlétisme, organisation de rencontres entre clubs... toutes les actions recommandées par le conseiller technique régional (ou « CTR ») ont un même but : aider la région à « produire » **des futurs champions.** Au cours des compétitions auxquelles il assiste, le CTR repère les jeunes les plus doués. Il participe ensuite à l'élaboration des **programmes d'entraînement** régionaux des espoirs.

Le conseiller technique régional est un **fonctionnaire** payé par l'État. Souvent, ce poste est occupé par d'anciens professeurs de sport ou par d'anciens athlètes de haut niveau reconvertis.

SIGNES PARTICULIERS

• Les conseillers techniques régionaux sont nommés pour des missions de quatre ans, mais peuvent conduire plusieurs missions à la suite.

Prévenir et soigner les blessures

Masseur-kinésithérapeute

Il aide le sportif à retrouver 100 % de ses moyens après une blessure ou une maladie. Il s'occupe aussi de patients ordinaires, de tous âges, souhaitant retrouver tous leurs moyens après un accident.

Pour rééduquer son patient, le kinésithérapeute le **masse,** lui fait répéter plusieurs fois le même mouvement, utilise la chaleur et soigne certaines blessures **aux ultrasons** ou **à l'acupuncture.**

Le kinésithérapeute intervient toujours **à la demande d'un médecin,** qui prescrit un nombre précis de séances de rééducation. Quand il soigne un sportif de haut niveau, le kinésithérapeute peut se rendre directement **sur le lieu de l'entraînement** ou de la compétition. En intervenant rapidement, il permet parfois à un athlète de poursuivre son effort sans trop souffrir.

SIGNES PARTICULIERS

• Peu de masseurs-kinésithérapeutes se spécialisent dans le sport. C'est pourtant un secteur d'avenir pour ce métier.

L'INTERVIEW de Lucile

Comment vous êtes-vous « spécialisée » dans la danse ?
Par hasard : j'ai ouvert un cabinet près d'un centre chorégraphique et, peu à peu, les danseurs sont venus me voir.

Pour quelles raisons vous consultent-ils ?
Le plus souvent pour soigner des étirements accidentels des muscles de la cuisse (élongations) ou de la cheville (entorses). Je les incite aussi à venir se préparer avant un spectacle ou une tournée.

Travaillez-vous uniquement dans votre cabinet ?
Non. Lors des représentations importantes, je m'installe dans les loges et je masse les danseurs pour les décontracter.

Commenter des exploits sportifs

Journaliste sportif

Ce mordu de sport informe le public sur l'actualité sportive. Il travaille dans la presse écrite, à la télévision, à la radio ou sur Internet.

Souvent spécialisé dans un sport, le journaliste sportif fait **des reportages, des enquêtes** et **des interviews** sur les athlètes, les entraînements et les grandes rencontres sportives. Il ne se contente pas de récolter l'information et de commenter les compétitions : **il analyse les événements** et les résultats pour expliquer, par exemple, la défaite inattendue d'une équipe lors d'un match.

Le journaliste sportif ne passe pas sa vie sur les terrains de sport. Il consacre aussi une grande partie de son temps à préparer ses enquêtes, à **écrire ses articles** sur son ordinateur ou à contrôler la finition de ses reportages dans les studios de télévision ou de radio.

SIGNES PARTICULIERS

- **Le journaliste sportif débute souvent « à la pige » : il travaille pour plusieurs employeurs, qui le paient à l'article ou à la journée.**

DANS LA MÊME FAMILLE

Le journaliste reporter d'images (ou « JRI »)

Ce journaliste de télévision est spécialisé dans la réalisation de **reportages d'actualité.** Caméra à l'épaule, **il filme** lui-même ses images. Après avoir **enquêté** sur le sujet et contacté les personnes à interviewer, il part sur le terrain. Parfois, il assure aussi **le montage** et **le mixage** du reportage en studio. Le JRI est moins intimidant qu'une équipe ordinaire de reportage de trois ou quatre individus. Cette formule est aussi plus économique pour la chaîne de télévision car il n'y a qu'une seule personne à payer.

1 Médiateur culturel
Il organise des animations pour mieux attirer le public dans les musées, les salles de spectacles ou les galeries d'art.

2 Historien d'art
Spécialiste d'une période historique, il mène des recherches pour faire progresser la connaissance.

3 Agent de surveillance
Il surveille les œuvres dans un musée ou une galerie d'art et s'assure que les visiteurs se conduisent correctement.

Le musée

4 Conférencier
Savant en art et en histoire, il accompagne des groupes dans les musées ou les monuments historiques pour enrichir leur visite.

5 Expert en œuvres d'art
Il étudie attentivement les œuvres qui lui sont soumises pour définir à quelle époque et par qui elles ont été créées.

6 Régisseur d'œuvres d'art
Il organise le transport et le stockage des œuvres du musée, et gère leur transfert éventuel vers un autre lieu.

Réparer les œuvres d'art

Restaurateur d'œuvres d'art

Il remet en état des œuvres anciennes (tableaux, sculptures, etc.) et tente de leur redonner une apparence proche de celle qu'elles avaient à l'origine.

Le restaurateur d'œuvres d'art commence par observer attentivement l'œuvre pour évaluer **le temps** et **le coût** de sa rénovation. Des analyses en laboratoire, par exemple aux rayons X, permettent d'affiner son diagnostic. Elles peuvent ainsi révéler un décor caché sous une couche de peinture d'un tableau. Pour faire au mieux son travail de rénovation, le restaurateur se documente sur la période à laquelle l'artiste a créé l'œuvre, la technique utilisée, et en consulte des **reproductions.**

Selon la nature et la taille de l'œuvre, la restauration peut durer plusieurs semaines ou plusieurs années. Ce travail très précis est constitué d'une **suite d'opérations techniques** comme le nettoyage, le lavage, la consolidation ou la retouche.

SIGNES PARTICULIERS

- **Les restaurateurs peuvent être salariés d'ateliers de restauration ou travailler pour des musées, des antiquaires ou des particuliers.**

ÉQUIPEMENT

DANS LA MÊME FAMILLE

Doreur-relieur

Il réalise à la main des **reliures** de livres précieux, rares ou plus ordinaires. Il travaille pour les bibliothèques, les librairies de livres anciens, les services d'archives, etc. Après avoir **démonté** et **nettoyé** le livre, il relie les pages les unes avec les autres en les **cousant** avec du fil. Puis il restaure **la couverture** et la remet en place. Parfois, il la décore avec de fines feuilles d'or. Le doreur-relieur travaille aussi bien le papier, le carton, le cuir que la toile.

Orchestrer les ventes aux enchères

Commissaire-priseur

Dans les salles des ventes, il organise et dirige la vente aux enchères d'œuvres d'art, de meubles anciens ou d'objets de collection appartenant à des particuliers.

Le commissaire-priseur prépare chaque vente pendant plusieurs mois. Il cherche à regrouper plusieurs œuvres à vendre sous le même thème : une série d'estampes japonaises, des objets publicitaires de la même époque, des montres, etc. Il identifie la provenance de chaque œuvre, son état de conservation, son style, la célébrité de l'artiste ou de l'artisan qui l'a créée. **Il estime sa valeur** et fixe un prix de vente de départ. Enfin, il fait faire un **catalogue** présentant en détail toutes les œuvres qui seront proposées le jour de la vente.

Le jour de la vente, le commissaire-priseur **orchestre la vente** de chaque objet, annonçant à haute voix le prix auquel des personnes, dans la salle, sont prêtes à acheter l'objet. L'enchère terminée, il désigne l'acheteur qui, proposant le prix le plus élevé, emporte l'objet.

MOTS DU MÉTIERS

- **Enchérir : proposer un prix supérieur au dernier prix proposé.**
- **Adjugé, vendu ! : expression prononcée par le commissaire-priseur, voulant dire que le dernier prix proposé est celui auquel l'objet sera vendu.**

Créer des œuvres d'art

Artiste

Il crée des œuvres qui seront ensuite achetées par des particuliers ou des musées, pour être présentées dans des expositions.

Quels que soient son **style** (moderne, classique, etc.) et son **support** (peinture sur toile, dessin sur papier, sculpture en terre), l'artiste mène un travail qui évolue au fil du temps. Il consacre une partie de son temps à faire connaître son travail, par exemple en rencontrant des **journalistes** ou des **critiques d'art.** Il incite les gens à venir voir ses œuvres et à les acheter.

Beaucoup ont une **activité complémentaire,** comme l'enseignement des arts plastiques, qui leur permet d'avoir des revenus réguliers.

SIGNES PARTICULIERS

- **De nombreux artistes sont autodidactes : ils n'ont pas suivi de formation artistique.**

IL EST CÉLÈBRE

Jean-Michel Basquiat (1960-1988)

Jean-Michel Basquiat naît dans la banlieue de **New-York.** Adolescent, Basquiat se fait remarquer en graffitant les rames de métro : ses messages humoristiques et mystérieux ne passent pas inaperçus. Il se met ensuite à la peinture sur toile et rencontre un succès fulgurant. Ses **œuvres, violentes et colorées,** évoquent le corps humain, la ville, le jazz, l'histoire du peuple noir (la mère de Basquiat est portoricaine et son père d'origine haïtienne). Basquiat meurt à 27 ans, au sommet de sa gloire, à cause de la drogue. C'est l'un des premiers artistes noirs à s'être fait un nom sur le marché de l'art international, jusqu'alors « réservé » aux Blancs.

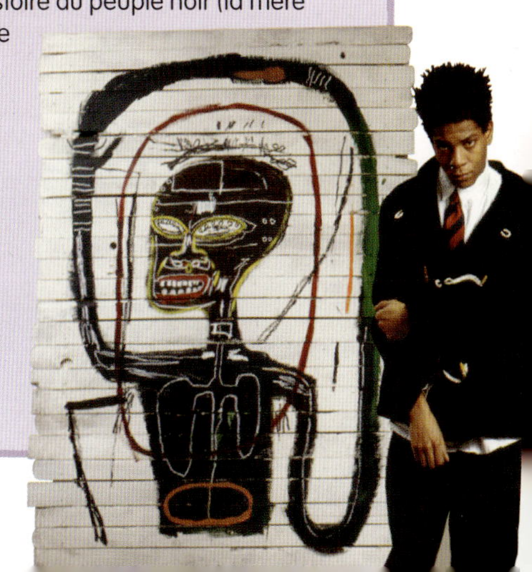

Gérer les œuvres d'un musée, les exposer

Conservateur de musée

Responsable des collections de peintures, de sculptures ou d'objets d'un musée, il assure leur conservation et les présente au public, par exemple à l'occasion d'expositions.

Doté de solides connaissances **scientifiques, techniques** et en **histoire de l'art,** le conservateur définit les bonnes conditions de stockage et d'exposition (luminosité, température, humidité, etc.) pour chaque œuvre. Il organise la restauration des œuvres qui sont abîmées et dirige le travail des restaurateurs qui en sont chargés. Spécialiste d'une région du monde ou d'une période du passé, **il choisit les œuvres** qui seront présentées au public en fonction de leur intérêt historique et artistique, de leur état, du thème choisi pour l'exposition.

Le conservateur dispose d'un budget pour **acquérir de nouvelles pièces.** Chaque fois qu'une œuvre vient enrichir ses collections, il cherche à mieux connaître l'histoire et les particularités de cette dernière. Il rédige ensuite des textes pour la présenter au public et aux spécialistes de l'art.

Signes particuliers

- **Pour devenir conservateur de musée, il faut faire au moins trois années d'études à l'université, puis suivre une formation à l'Institut national du patrimoine pendant un an et demi.**

La journée d'Élisa

Élisa, conservatrice d'un musée municipal des beaux-arts

9 h Arrivée dans son bureau, Élisa consulte les chiffres de fréquentation de l'exposition inaugurée la semaine précédente.

9 h 30 Elle vérifie dans la réserve l'état de deux tableaux qu'un musée espagnol souhaite emprunter.

11 h Élisa contacte le ministère de la Culture pour demander le financement d'une exposition en cours de préparation.

15 h Élisa se rend dans l'université de la ville pour donner un cours d'histoire sur la céramique, sa spécialité.

17 h De retour au musée, elle contrôle l'état d'un tableau récemment acheté, qui vient de lui être livré.

Imaginer et créer des expositions

Commissaire d'exposition

Il conçoit des expositions, organise leur préparation et supervise leur installation.

Créateur de l'exposition et soucieux de son succès, le commissaire d'exposition **sélectionne** les œuvres et définit leur **mise en scène.** Pour cela, il tient compte du public visé, du message à faire passer et du budget qui lui est confié. Le commissaire d'exposition contacte les musées pour se faire prêter des œuvres et **cherche des financements** supplémentaires. Il coordonne le travail des différents intervenants : le scénographe, l'artiste, l'attaché de presse, et rédige souvent le texte principal du catalogue de l'exposition.

MOTS DU MÉTIERS

- **Accrochage :** installation des œuvres dans le lieu de l'exposition.
- **Vernissage :** inauguration de l'exposition.

Certains commissaires d'exposition sont des **conservateurs de musée.** Ils préparent une exposition à l'occasion, à l'inverse des commissaires d'exposition indépendants dont c'est l'activité principale, et qui travaillent pour plusieurs clients différents.

Guider les visiteurs

Guide interprète

Il fait visiter les musées, les monuments et les villes à des groupes de touristes français ou étrangers. Passionné par l'art et la culture, il raconte l'histoire et les petits secrets des sites et des œuvres présentés.

Employé par les agences de voyages et les offices de tourisme, le guide interprète prépare chaque visite avec soin. Il effectue un gros travail pour **se documenter** en vue de transmettre toutes les informations intéressantes sur le lieu à ses auditeurs. Pendant la visite, il présente le lieu ou l'œuvre, ponctuant son récit d'anecdotes amusantes ou marquantes pour **capter l'attention** du groupe. Ses connaissances techniques et historiques lui sont utiles pour répondre aux nombreuses questions que lui posent les visiteurs.

SIGNES PARTICULIERS

- **Ce métier est plutôt saisonnier : c'est surtout au printemps et en été que les guides interprètes exercent leur activité.**

Le guide interprète **adapte son discours** à son public. Ce dernier peut être composé d'enfants, d'adultes fréquentant peu les musées, ou au contraire de connaisseurs. Il maîtrise souvent une, voire deux langues étrangères en plus de l'anglais.

1 Décorateur
À la demande du réalisateur ou du metteur en scène, il imagine et construit des décors pour la télévision, le cinéma et le théâtre.

2 Monteur
Il sélectionne et classe les images du tournage pour que l'ensemble soit compréhensible et agréable à regarder.

3 Machiniste
Il transporte et installe le matériel de scène ou de tournage : projecteurs, enceintes, éléments de décor, etc.

Le studio de télévision

4 Assistant réalisateur
À partir de la lecture du scénario, il planifie le tournage du film, puis veille chaque jour au bon déroulement des choses.

5 Chef opérateur
Responsable de l'image du film, il choisit le matériel de prise de vue le mieux adapté et conçoit l'éclairage de chaque scène.

6 Truquiste
Le tournage terminé, il transforme les images sur ordinateur pour produire les effets spéciaux souhaités par le réalisateur.

Animer des émissions de télévision

Animateur TV

Il présente et anime à la télévision des émissions musicales, des jeux, des magazines culturels ou scientifiques.

Virginie Efira, Arthur, Fogiel... à la télévision, l'animateur est **un personnage central :** il y en a dans la plupart des émissions. Il passe à l'antenne chaque semaine, parfois chaque jour, et c'est en grande partie sur lui que repose le succès du programme. L'animateur paraît souriant, parfois blagueur, mais c'est pourtant **un grand professionnel** qui prépare longuement chaque émission. Il s'informe régulièrement du nombre de spectateurs qui ont allumé leur téléviseur pendant son passage à l'antenne et, si cela est nécessaire, il corrige rapidement certains détails dans son attitude.

Parfois, l'animateur **conçoit et produit** lui-même le programme qu'il présente. Dans d'autres cas, il est un simple « interprète » qui, comme le comédien, passe des castings pour obtenir un « rôle » d'animation dans une émission.

SIGNES PARTICULIERS

• Les chaînes de télévision sont de plus en plus nombreuses : il y a besoin de beaucoup d'animateurs... Mais le nombre de candidats augmente aussi !

Jouer le rôle d'un personnage

Acteur

Il joue dans les films, les téléfilms, les séries télévisées, interprétant des personnages chaque fois différents.

Pour être sélectionné par le réalisateur à la recherche des comédiens de son prochain film, l'acteur doit en général participer à **un casting.** S'il est retenu à l'issue de cette séance d'essais, on lui remet le scénario du film. Il le lit et s'imprègne de l'ambiance de l'histoire, entre dans la peau du personnage et apprend son texte. Souvent, avant le tournage, il participe à des séances de répétition avec les autres acteurs du film pour mieux se préparer.

Pendant le tournage, l'acteur, maquillé et costumé, suit **les indications** du réalisateur. Il peut aussi apporter ses propres idées sur la façon de jouer le rôle. Le tournage s'étale parfois plusieurs mois, durant lesquels l'acteur vit **loin de chez lui, parfois même à l'étranger.**

SIGNES PARTICULIERS

• Quand ils n'ont aucun projet de film en vue, certains acteurs tournent dans des films publicitaires ou prêtent leur voix pour le doublage de films étrangers ou de dessins animés.

Piloter la caméra

Cadreur

Aux commandes de la caméra sur un plateau de télévision ou de cinéma, il filme l'action. Il déclenche, arrête la caméra, et décide de l'image et des mouvements de l'appareil.

Dans les studios de télévision, **plusieurs caméras** filment la même scène en même temps, sous des angles différents. L'un des cadreurs filme l'animateur, les autres filment les invités ou le public, etc. Grâce à une oreillette, les cadreurs sont en relation avec **le réalisateur** et **la scripte,** qui leur précise les personnages ou les objets qu'ils doivent filmer. Au cinéma ou pour un téléfilm, le cadreur, ou « cameraman », **est plus autonome.** Selon les plans, il utilise une caméra fixe, posée sur des rails, sur une grue, ou encore attachée à lui par un harnais. Le cadreur est souvent aidé par un assistant opérateur qui prépare et règle la caméra, sauf quand il s'agit d'une petite équipe de tournage.

SIGNES PARTICULIERS

- **À la télévision comme au cinéma, la plupart des cadreurs sont intermittents du spectacle. Ils sont payés pour une durée limitée, qui correspond au temps que dure le tournage.**

ÉQUIPEMENT

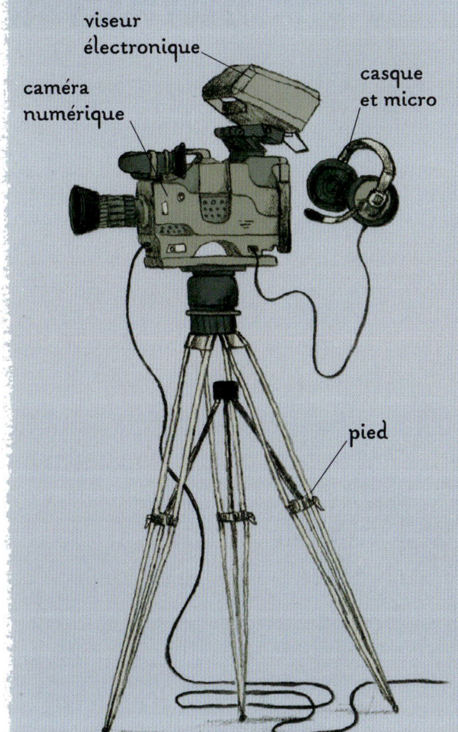

Orchestrer les tournages

Réalisateur

Il prépare, dirige, met en scène les émissions télévisées et les films.

À la télévision, c'est grâce au réalisateur de plateau que l'émission imaginée par le producteur voit le jour. Sélection des participants, choix des décors et du générique... le réalisateur doit **tout prévoir.** Il détermine aussi le déroulement et le rythme de l'émission. Après avoir recruté l'équipe technique qui prendra en charge le programme, le réalisateur surveille **la préparation du studio :** position des caméras, installation des éclairages, etc. Il veille ensuite à ce que le tournage ou l'enregistrement se déroule exactement comme prévu.

Qu'il travaille pour le cinéma ou la télévision, **le réalisateur de fiction** apporte davantage sa touche personnelle au film. C'est lui, en particulier, qui choisit les acteurs et leur indique comment jouer les scènes.

MOTS DU MÉTIERS

- **Voix off :** c'est une voix qu'on entend alors que la personne qui parle n'apparaît pas à l'écran.

LA JOURNÉE de Sophie

Sophie, réalisatrice d'une émission de chansons

10 h Comme chaque jour depuis plusieurs semaines, Sophie fait le point sur la préparation d'une nouvelle émission avec l'équipe de production.

11 h 30 Elle découvre le studio où sera enregistrée l'émission. Elle note la position des décors et les mouvements des invités qu'elle imagine.

13 h Parmi plusieurs musiques de générique composées pour l'émission, Sophie sélectionne celle qui convient le mieux.

13 h 30 L'agent du chanteur invité vedette de la prochaine émission de Sophie lui transmet les exigences de l'artiste.

16 h Elle explique au concepteur lumière chargé d'éclairer le studio l'ambiance qu'elle souhaite pour son émission.

20 h Sophie pointe les comptes pour savoir quelle part du budget de l'émission elle a déjà dépensée.

Inventer et gérer des émissions

Producteur TV

Il supervise la conception d'émissions et de téléfilms. Son principal objectif est que ses programmes soient regardés par le plus grand nombre de téléspectateurs.

Homme ou femme de chiffres avant tout, le producteur TV a pour mission de **gérer le budget** du programme télévisé. **Il évalue le coût** de fabrication de ce dernier et le prix auquel il le vendra à la chaîne de télévision. Pendant l'élaboration du projet, il veille à ce que le budget défini au départ ne soit pas dépassé. Le producteur TV participe aussi aux différents choix artistiques qui doivent être faits : il désigne le réalisateur du programme, donne son avis sur les décors et la musique de l'émission, etc. Véritable **chef d'orchestre,** il fait le lien entre sa société de production, la chaîne de télévision et l'équipe technique.

Le producteur TV crée des programmes à la demande des chaînes de télévision. Il passe aussi beaucoup de temps à imaginer de **nouvelles émissions,** qu'il propose ensuite aux chaînes.

DANS LA MÊME FAMILLE

Le producteur de disques

Il investit de l'argent pour que l'album d'un chanteur puisse exister et être connu. Il devine les attentes du public et **encadre la carrière** des artistes. Il les conseille ainsi sur leur look, leur style musical ou les émissions auxquelles ils doivent participer. Spécialiste d'un **genre musical** et découvreur de talents, il assiste à beaucoup de concerts et écoute les enregistrements (ou **« démos »**) envoyés par les jeunes artistes qui rêvent de faire un premier disque.

Suivre le tournage en détail

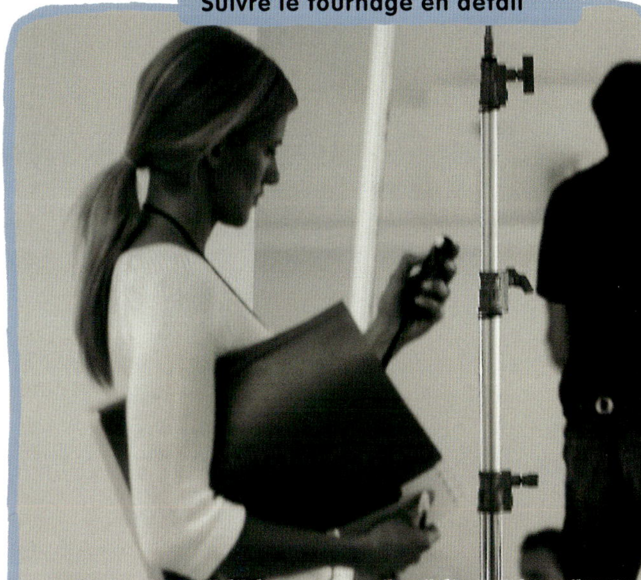

Scripte

Elle chronomètre et observe attentivement chaque scène filmée, afin d'éviter les erreurs d'enchaînement entre les différents plans. Car, à la télévision comme au cinéma, les images ne sont pas toujours tournées dans l'ordre chronologique de l'histoire.

Installée près du réalisateur, devant un **écran de contrôle,** la scripte regarde les images enregistrées par la caméra et note la position des acteurs, la façon dont ils sont habillés ou les accessoires qu'ils tiennent. Au moment de tourner la scène suivante, la scripte rappelle au réalisateur comment placer les acteurs et accessoires pour que le passage d'un plan à l'autre **paraisse naturel.**

SIGNES PARTICULIERS

• Ce métier est surtout exercé par des femmes et s'apprend souvent sur le terrain.

Lors d'**une émission en direct,** le réalisateur ou l'animateur reçoivent les consignes de la scripte grâce à leur oreillette. Elle demande par exemple à l'animateur de se déplacer en fonction d'un projecteur.

Crédits photographiques

11b Elterman / SIPA PRESS ; **11h** Jacques Torregano / FEDEPHOTO ; **15** M. Gaillard / REA ; **20** Meigneux / Korava / SIPA PRESS ; **21** Philippe Schuler / EDITING ; **24** Institut Pasteur ; **25** Robert Kluba / EDITING ; **27** Antoine Devoaurd / REA ; **31** ROGER-VIOLLET ; **32** Paula Bronstein / Getty Images / AFP ; **34** Archives la Vie du Rail / Photorail /DIAPORAMA ; **38** Neil Rabinowitz /CORBIS ; **39** Sirpa Mer / Thierry Orban / CORBIS SYGMA ; **40** Natalie Fobes / CORBIS ; **42g** Richard Damoret / REA ; **42d** Collection CHRISTOPHE L. ; **43** Michael De Young / CORBIS ; **47** Alexander Pena / EPA / SIPA PRESS ; **48** Denis / REA ; **52** Michael Prince / CORBIS ; **53** Eric Estrade / AFP ; **57** Patrick Forget / SAGAPHOTO.com ; **58** Lester Lefkowitz / CORBIS ; **60** Alain Nogues / CORBIS SYGMA ; **66** Xavier Richer / PHOTONONSTOP ; **67** Petnet.co.il / Israel Sun /REA ; **69** Will & Deni McIntyre / CORBIS ; **72** HOUPLINE/SIPA ; **73g** Eric Feferberg / AFP ; **73d** Laurence Mouton ; **78** Bettmann / CORBIS ; **81** Jérôme Minet / Kipa / CORBIS ; **82** Christian Zachariasen / CORBIS SYGMA ; **83** François Mori / AP /SIPA PRESS ; **84** Klaus Hackenberg / Zefa / CORBIS ; **89** RF / CORBIS ; **91** Patrick Allard / REA ; **94g** Viviane Moos / SIPA PRESS ; **94d** Laurence Mouton ; **96** Elliott Erwitt / MAGNUM PHOTOS ; **97** Laurence Mouton ; **102** Nicolas Gouhier / Cameleon / ABACA PRESS ; **107** Bus Wojtek / Hoa Qui / EYEDEA ; **109** Lizzie HIMMEL ; **110** B. Baumantoo / SIPA PRESS ; **116** Collection CHRISTOPHE L. ; **117** Laurence Mouton.

Conforme à la loi 49 956 du 16 juillet 1949 sur les publications destinées à la jeunesse.
N° Éditeur : 10138040 - ISBN : 978-2-09-251534-1
Dépôt légal : octobre 2007
Imprimé en Italie

Crédits des illustrations

Couverture : Pronto
Rabats de couverture : Robin

Grandes ouvertures et personnages :
• p. 8 à 69 : Pronto
• p. 70 à 117 : Sébastien Telleschi
Rubriques « Comment ça marche ? » (p. 64-65, p. 74-75, p. 99) : Sébastien Telleschi
Illustrations humoristiques : Robin
Illustrations réalistes : Sébastien Mourrain.